U0902760

医美新风口

颜值经济下的万亿市场

动脉网 考拉看看 编著

中华工商联合出版社

图书在版编目（CIP）数据

医美新风口：颜值经济下的万亿市场/动脉网，考拉看看编著. —北京：中华工商联合出版社，2019. 10

ISBN 978-7-5158-2569-4

Ⅰ. ①医… Ⅱ. ①动… ②考… Ⅲ. ①美容院－经营管理－研究－中国 Ⅳ. ①F726. 99

中国版本图书馆 CIP 数据核字（2019）第 196404 号

医美新风口：颜值经济下的万亿市场

作　　者：动脉网　考拉看看
责任编辑：于建廷　王　欢
责任审读：郭敬梅
封面设计：仙　境
责任印制：迈致红
出版发行：中华工商联合出版社有限责任公司
印　　刷：河北宝昌佳彩印刷有限公司
版　　次：2019 年 12 月第 1 版
印　　次：2019 年 12 月第 1 次印刷
开　　本：710mm × 1000 mm　1/16
字　　数：200 千字
印　　张：13. 5
书　　号：ISBN 978 － 7 － 5158 － 2569 － 4
定　　价：99. 00 元

服务热线：010 － 58301130
团购热线：010 － 58302813
地址邮编：北京市西城区西环广场 A 座 19 － 20 层，100044
http：//www. chgslcbs. cn
E-mail：cicap1202@ sina. com（营销中心）
E-mail：gslzbs@ sina. com（总编室）

导读

动脉网是一家定位于未来医疗领域的专业服务机构，是医疗行业最大的原创内容生产渠道和权威研究机构。经过多年的观察与跟踪，动脉网选择了医疗领域最具发展潜力、代表未来发展趋势的若干板块，精心打造《未来医疗系列丛书》，包括互联网医院、新型诊所、医美、医药电商、基层医疗等。希望能帮您更好地抓住机遇，把握未来。

本书是国内第一本对医美行业跟踪多年，详细记录与深度剖析的报告性著作。阐述了医美产业在互联网推动下发生的产业演进和变化，从产业链的延伸、政策的鼓励、医美行业的运营变化，以及重要玩家的布局等角度，详细概述了医美产业的新模式、新技术，以及新业态，涵盖了最新的案例解读、技术讲解，以及企业成长故事。

本书以案例解读的形式，从产业现状、产业链布局，以及头部企业的盘点中，致力于发现有意思的关键线索和发展路径，追溯过往历史，以期望对现在产业从业者有所启发。

第一章发展篇：医美行业市场现状概览，介绍了中国医美黄金 10 年发展路径，以及医美行业发展的现状，从全球来看，进入 21 世纪以后，医疗美容行业已成为仅次于汽车业和航空业的第三大产业。

第二章产业篇：医美产业链布局，介绍了医美 App 价值评价，以及从整个产业链的角度，分析了上下游的趋势，上游器械耗材的表现为整合并购是趋势，中下游的医院和诊所连锁化是未来趋势。

第三章运营篇：医美行业的经营之道，介绍了“互联网 +”时代下的医美营销变化，相对于以往粗犷的打广告、搜索引擎的方式，在大数据及精准营销技术推动下，行业需要建立标准化与精细化运营，同时，详细阐述了颠覆传统路径、降低获客成本方式。

第四章企业篇：医美行业的企业案例，介绍了国内外优秀的头部企业案例，这部分不仅包含了医美 App 平台，同时也涵盖了线下的实体终端，从企业的发展历程中，可窥见成功的医美企业应该具备哪些素质、匹配哪些资源，同时推演其未来发展前景。

第五章政策风险篇：医美行业护城河与风险，介绍了医美政策在行业发展中的重要作用，对过往政策进行了详细地梳理和解读。整个大医疗健康产业都受到政策的影响，知政策，方可做好产业资源的充足合理调配。

第六章未来篇：静待花开的医美行业，介绍了医美产业的发展前景，以及显而易见的重大趋势，如消费理念转变、需求释放、患者教育和渠道变革，从重视获客转为重视运营，以及大型品牌连锁和精品机构生存路径。

本书从技术推动下医美产业发展的视角，结合产业发展面临的实际问题和场景，以管窥豹，旨在帮助读者全面地、立体地了解医美产业发展最新和最热的发展点。书中的部分观点、方法，以及头部企业的案例，可供产业中具体企业、投资人参考。

目录

第一章　发展篇：医美行业市场现状概览

第一章

发展篇：医美行业市场现状概览

一、 中国医美黄金 10 年来临

中国真正意义上的医疗美容行业起步于 20 世纪 80 年代，改革开放之后一些公立医院开设美容门诊，民营的美容机构也开始兴起。国外的美容观念、先进技术和美容材料、运营管理理念陆续传到中国，随着短视频、网红、达人、主播、朋友圈这些时代元素的爆炸，颜值革命不断刺激着消费者对医美的需求，促使医美机构爆发性增长，并渐与国际接轨，成为我国经济中一个不可缺少的组成部分。

从全球来看，进入 21 世纪以后，医疗美容行业已成为仅次于汽车业和航空业的第三大产业。据专家统计，全世界每年的市场总额约有 1500 亿美元，预计未来世界 500 强企业中将有三分之一是从事医疗美容技术研究、生产、销售的企业。

据 SAPS 数据，2011—2013 年全球整形美容三年平均复合增长率达 18.5%，中国整形美容行业长期保持 20% 以上的增长率。而据 2012 年《经济学人》发布的数据，2010 年，韩国平均每 1000 人中约有 16 例整容手术，中国平均每 1000 人中大约只有 1 例整容手术，居第 24 位。就整容手术总量来看，美国占据全球整形手术总数的 17.5%，排名第一；中国占据了总量的 12.7%，成为全球第三整容大国。央视网也有一组数据显示，2013 年中国整形美容市场实现产值 4000 亿元左右，行业从业人员超过 3000 万。消费者中，女性消费者占 90% 以上，而其中又以 20 ~ 45 岁女性为主，占到 80% 以上。

我国医疗美容行业具有以下三大特点：

（1）市场规模大。根据国家第五次人口普查资料显示，我国城镇人口 15 ~ 64 岁女性共有一亿七千多万人。按照目前 20 ~ 45 岁女性城镇消费者占医疗整形美容消费者的64%的比例估算，目前全国医疗整形美容女性目标消费群总数估计为九千万人。

（2）增长速度快。目前，医疗美容已经进入了普通老百姓的生活中。根据世界银行发展报告，当一个国家的人均收入超过2000美元之后，即进入到中等发达的小康社会后，对医疗美容行业的需求就会增加10%左右，并会以这个速度每年递增。而正是这样的发展速度，支撑了中国医疗美容行业年增速20%以上的水平。

（3）行业利润高。由此也带来了整形美容行业的另一特点：竞争激烈。由于我国75%以上的医疗整形美容机构的服务项目经济利益较高，以技术或营销手段创造的利润，依据医疗整形美容机构的不同类型和不同规模，约占总利润的30%～50%。其他调查测算，我国医疗整形美容业的毛利率超过了一些热门产业，被称之为“时尚营利行业”。

（一）医美市场规模

《2017中国医美行业白皮书》显示，2015年中国医美市场仅以0.8%的微弱劣势低于巴西，随着中国医美发展进入“快车道”，2017年中国医美增速超40%，总量超1000万例，标志着中国超过巴西，正式成为仅次于美国的全球医美第二大国，如图1－1所示。

2019年，中国医美市场将突破万亿元。整形美容业也成为居房地产、汽车、旅游之后的第四大服务行业。

一直以来，医美行业因信息不对称和强烈依赖广告宣传、获客成本过高等问题备受诟病。医美平台的出现，不但使原本暗箱式销售的医美行业中机构、项目和医生的资料实现了可查询，而且把每个项目都以货架的方式呈现，相关服务内容和费用一目了然。

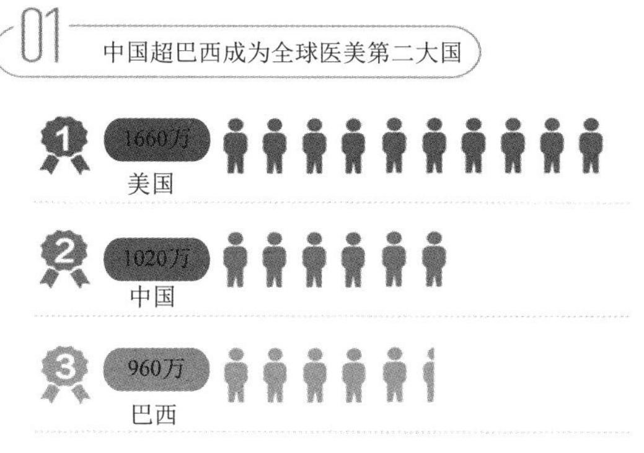

图1－1　2017年中国成为全球第二大医美市场

（二）医美用户特征

《2017中国医美行业白皮书》显示，男性用户占平台总用户的23%，如图1－2所示，比2015年的17%大幅增加，越来越多的中国男性通过整形手术美化外表、增加男性魅力。其实在美国、日本和一些欧洲发达国家中，男性用户更是占到了整个医美市场的一半。

图1－2　每5个整形者中就有1个是男性

过去几年，中国的毛发种植中心快速发展。比起变美，大多数男性用户更关注植发等抗衰老项目。①

医美平台用户逐渐趋向低龄化特征，“90后”已经成为医美平台上的消费主力，“00后”也加入了整形大军，如图1－3所示。平台求美者平均第一次整形时间已经从28岁下降到22岁。

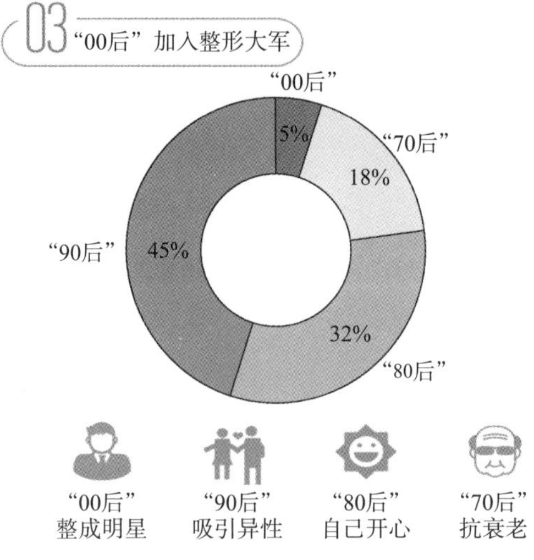

图1－3　“00后”加入整形大军

医美金融的发展也成为助力医美行业需求扩张的重要因素。医美消费分期支付，降低了消费门槛，拉动医美需求增长。如更美App上线的整形险和效果险帮助用户量化医疗风险，助力医美需求扩张。

（三）信息不透明是非法医美最大成因

对合法医美来说，正规机构、合规执业者和正规药品缺一不可。

合法医美需要在正规机构中由合规执业者用合法药品进行手术和注射。其中，正规机构必须获得《营业执照》和《医疗机构执业许可证》方可开展执业活动。合规执业者（医生）需要获得《医师资格证》《执业医师证》，同时只能在合规的机构中进行项目操作。合规的药品必须

① 更美App. 2017年中国医美行业白皮书［R/OL］．［2017－12－8］．

是真药，而且不能是从国外私带的水货。

然而，随着近年来中国医美市场的迅猛发展，丰厚的利润吸引了大量无资质认可的非法医美机构铤而走险。

《2017 中国医美行业黑皮书》分析，非法医美的主要成因包含医美权威渠道少、信息不够透明，非法医美获利丰厚但惩罚力度小，非法医美隐蔽性高，以及监管难度大等，如图 1－4 所示。

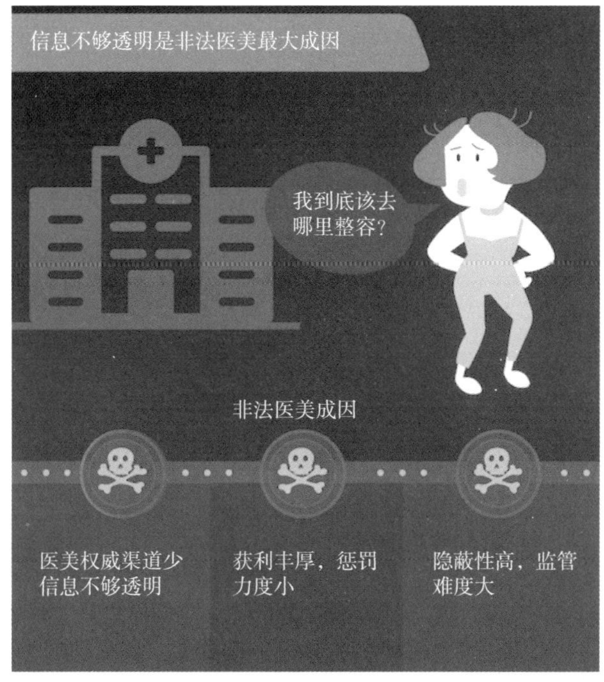

图 1－4　信息不透明是非法医美最大成因

《黑皮书》显示，在中国一家黑诊所年平均获利 100 万元，一旦因非法行医被查出，基本只会被罚没医疗器械，平均处罚金 1 万～2 万元，违法成本极低。

一般非法医美机构隐蔽性极高，90% 藏身于美容院、美甲店等常见的生活美容机构中，一些私人工作室更是隐藏在普通小区里，更有甚者直接去顾客家中甚至旅馆里进行手术。

除了非正规机构资质和非法医师外，药品的真伪也是非法医美的一大获利渠道。大量的非法药品正在通过微信等方式售卖给不知情的消费者，更有一些黑诊所有专门的人偷偷将水货药品器械背回国，监管难度大，这些因素共同触发了中国非法医美的泛滥。

（四）黑诊所数量是正规机构的6倍，3年毁掉10万张脸

《2017中国医美行业黑皮书》统计显示，中国黑诊所数量已超6万家，是正规诊所的6倍；黑诊所年手术量为正规诊所的2.5倍，超2500万例。每年黑诊所约发生4万起医疗事故，手术感染、疤痕严重等问题屡见不鲜。

中国非法执业者数量更是合规执业者的9倍，也就是说，每10个整形医生中，只有一个是真的，如图1－5所示。最可怕的是这些“假医生”难以分辨，他们也穿着白大褂、戴着帽子和口罩，甚至用假证件伪装成合法执业者。

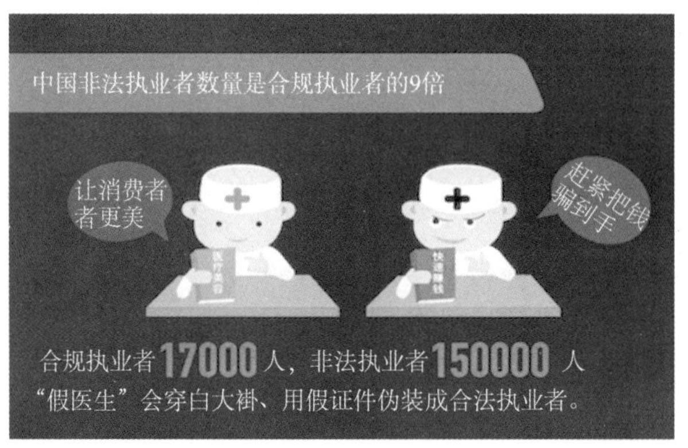

图1－5　中国医美机构非法执业者数量是合规执业者的9倍

由于合法执业者需要《医师资格证》《执业医师证》，以及《医疗美容主诊医师证》三证齐全，而这些证书要多年进修才能考取，于是众多整形速成培训班应运而生。

非法执业者需要证书，这些培训机构就颁个假的给他们。他们大多打着“四天速成微整形医生”“7天微整形培训班”的旗号，用没有任

何职业资格和培训资格的所谓“老师”，对学员进行几天简单培训。有些机构甚至让学员们互相进行扎针练习，有的学员干脆不戴手套、不消毒就练习注射、用鸡翅练习开刀手术。

非法微整形从业者寻找的第一批客户往往是亲戚和朋友，同时这些人也是练习手艺的“对象”。如果手术侥幸未出意外，他们再委托这些亲戚和朋友四处宣传拉客人，介绍人从中获得几千甚至上万元提成。

（五）行业、平台举措并行，发力医美正规化

为打击非法医美，2017 年 5 月国家卫健委颁布《关于开展严厉打击非法医疗美容专项行动的通知》中提出：“为进一步维护消费者合法权益，保护人民健康，国家卫生健康委、中央网信办、公安部、人力资源社会保障部、海关总署、工商总局、食品药品监管总局决定联合开展严厉打击非法医疗美容专项行动。”

虽然现在国家多个部门联合展开打击非法医美的专项行动，但力度依然不够，还需要医美行业、平台以知识共享的方式帮助消费者了解更多医美知识，合力来推动医美正规化发展。

由于行业信息不对称，人们对医美的渠道了解有限，更多的去关注医院的装修和广告，而不是效果本身，导致有些机构就钻了空子，靠打广告、豪华装修来获客，不注重项目本身和医生的专业度，这样就引起了很多客户投诉。

在线医美平台的出现也为医美行业的信息不对称带来一线转机。现在很多医美平台打通上中下游，并将数据全面开放，建立有效的市场机制，优胜劣汰，将医生特长及术后效果、手术详情、设备原理、术后恢复情况、用户满意度等信息全面公开在平台上，让用户在专业咨询和美学设计师的辅助下依据自己的喜好、求美需求来选择适合自己的医生和变美方案，用好的口碑帮助优质的医生多赚钱，淘汰不合格医生。

线下医美机构和互联网医美平台的相互推动力，让用户在使用互联

网医美平台进行决策后，获得了良好的服务体验，就会选择继续使用。现在很多医美 App 中的医美机构、项目和医生的资料都可以查询，主要是查诊所是否合规、医生信息及资质及产品是否合规。

根据《2018 中国医美行业白皮书》的统计可以看到，医美机构数最多的十大省份，也就是国内医美最发达的省份分别是：广东、北京、浙江、四川、上海、湖北、江苏、河南、山东和辽宁。

其中广东省以 868 个机构数夺得医美机构数量最多的省份桂冠，并且以高达 22.87% 增长率位居医美机构数增长率第一。广东省的惠州、东莞、佛山多个城市上榜全国医美机构增速最快的十大城市。广东医美供给端的实力和潜力可见一斑。其他供给端增速快的城市还包括杭州、苏州、成都、海口和三亚等。

在医美需求量方面，北京、广州和上海三大城市订单量位居前三。医美需求最多的十城中，最高客单价为北京 4800 元，郑州客单价以 4095 元位居最末，首都人民变美最贵，郑州人民变美最省钱。①

（六）审美趋于多样化，整形“新一代”“95后”不再拿明星照整形

《白皮书》指出，2010 年以前，国人的审美偏好还是锥子脸，偏古典英气风。2010 - 2016 年流行网红脸，偏芭比娃娃公主风。这一阶段，整形审美都比较单一。

2016 年开始，国人审美开始变得多元化，发展至今日，精灵脸、高级脸、处女脸、鲶鱼脸、厌世脸、超模脸等百花齐放，人们更能欣赏有个人特色的美。整形用户也更趋向于在个人的特点和基础上进行调整，而不是单纯按照明星、网红模板照搬。

从 2013 成立至今，很多医美 App 的社区及公众号矩阵持续推送医

① 更美 App. 2018 中国医美行业白皮书［R/OL］.［2018 - 12 - 20］.

美科普文章。据了解，相关医美科普文章累积传播了 15 亿人次，帮助超 1 亿潜在医美用户树立了正确的价值观。“95 后”作为在这一阶段进入医美市场的整形“新一代”，整形意识更加成熟科学。①

相比于“80 后”“90 后”拿着明星照片去整形，“95 后”更聪明，他们喜欢先查阅相关医美 App 上的资料，研究美学并对自身风格特点进行分析，再选择最适合自己的项目进行变美调整。“95 后”票选出的变美榜样是秦岚。他们认为榜样变美懂得保留个人特色。

（七）人人都爱美肤，植发、整牙涨价快，“剁手”要趁早

2018 年订单量最多的十大医美项目为玻尿酸注射、肉毒素注射、双眼皮、鼻部综合、光子嫩肤、自体脂肪填充、超声刀、激光脱毛、吸脂、水光针美肤。这些项目中一半与美肤相关，无论是让皮肤更加水嫩的玻尿酸、水光针，还是具备除皱功能的肉毒素，或者是缩小毛孔的光子嫩肤、抗衰的超声刀，都吸引着美肤项目基本成为每个医美用户的必选。

此外，《白皮书》同时公布了 2018 年涨价最快的十大医美项目，分别是胸部修复、祛眼袋、牙齿矫正、自体脂肪填充、下颌角切除、颧骨内推、近视矫正、吸脂、植发、隆鼻。祛眼袋、植发、牙齿矫正作为时下需求量较大的热门项目，客单价在 2018 年的每个季度都会上涨一轮。

据德勤《2017 年中国医疗美容市场分析报告》显示，2015 年中国医疗美容市场的规模为 870 亿元，2017 年达到 1760 亿元。分析预测，2020 年中国医疗美容市场规模将达到 4640 亿元，年均复合增长率达到 40%。

随着“90 后”与“00 后”消费者快速涌入市场，虚拟美颜已经成为互联网用户刚需，消费者需求正在从线上快速传导到线下，医美行业将在未来 10 年内迎来真正的黄金期。

---

① 更美 App. 2018 中国医美行业白皮书［R/OL］.［2018-12-20］.

二、在线医美行业发展现状

颜值需求倒逼医疗美容的产业链变革，移动互联技术、社交电商的快速发展则加速了产业链变革的进程。从2015年开始，“互联网+医美”得到了资本前所未有的关注，互联网行业大佬开始进驻医美产业，已有互联网医美产品频繁融资，传统医美机构转型在线医美平台。“互联网+医美”风起云涌，医美App雨后春笋般涌现出来，新的生产力为不平衡的业内发展带来新的生机。

（一）在线医美企业地域分布

北上广依然是医美创业发展最旺盛的地区，同时部分盛产美女的地区创业企业同样发展旺盛。变美需求最多的地区分别是北京、上海、重庆，另外湖南、成都等盛产美女的省份医美需求也比较旺盛，基本与创业分布情况一致，说明医美创业的分布是创业环境及医美需求双重因素作用的结果。

（二）在线医美合作情况

根据统计，中国在线医美行业与医美机构、医美医师及医美信息化建立合作比较多，超6成的在线医美公司都会与医美机构建立合作，这与在线医美行业服务性强、学术性较差关系较大，而且在线医美行业多布局于行业下游，即用户端，与医美器械公司及医美原料公司建立合作较少，发展模式比较单一。

（三）在线医美产品情况

目前，中国在线医美产品以 App 及产品服务为主，在线医美行业开发 App 产品占比五成，如图 1－6 所示。医美消费主流年龄段为“80 后”及“90 后”，而这部分人群有长期使用移动端获取信息的习惯。从产品类型及合作机构的情况可以看出，目前在线医美行业产品类型单一，同质化严重，以信息服务及中介服务为主。

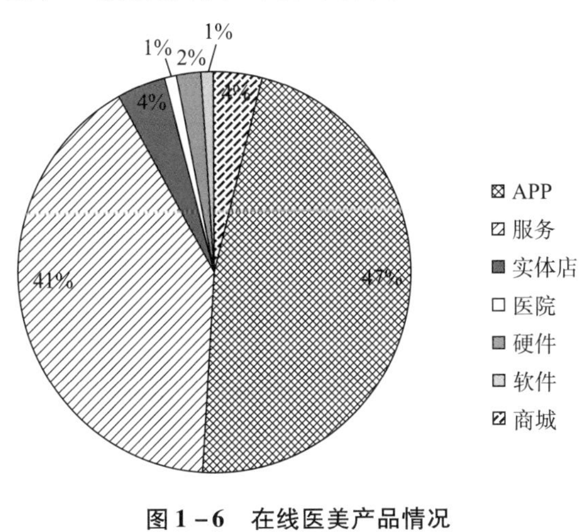

图 1－6　在线医美产品情况

（四）在线医美发展历程

在线医美行业部分公司成立时间比较早，这部分公司前身都是传统医美机构，后转型做在线医美。2012 年开始，在线医美创业公司成立数量开始爆发，到 2015 年达到顶峰，在 2015 年的价格战中，一小部分医美创业公司在变革浪潮中异军突起，更有大部分的医美创业公司在行业波诡云谲中纷纷折戟沉沙。这部分公司对市场的前景和态度过于乐观，没有考虑到经营成本和资金周转成本、回报周期，贸然进入，结果在成立初期或者运营了一小段时间后就资金链断裂，宣布转让，亏损出局。2016 年，资本寒冬来临，投资人和创业者都变得更理性，不再盲目冲入波诡云谲的医美领域，如图 1－7 所示。

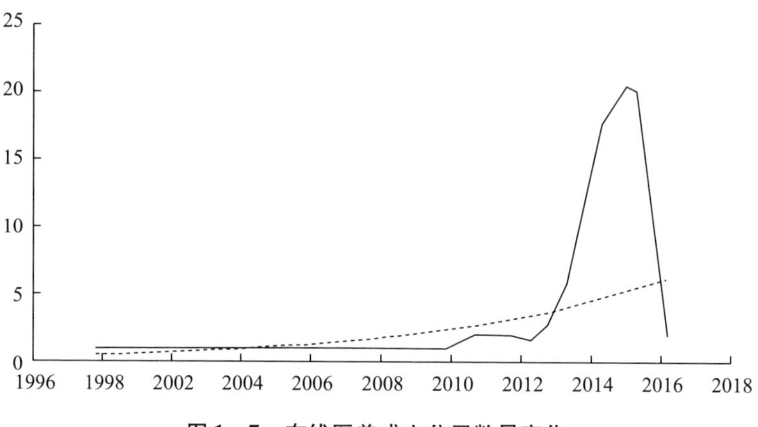

图 1－7　在线医美成立公司数量变化

（五） 在线医美产业布局

“互联网＋医美”的大潮涌起，医美传统销售与传播环节已经变得更加透明公开，医美行业的固有结构弹性大大增强，消费者反客为主，拥有了消费主权，企业必须以更加廉价的方式、更快的速度，以及更好的产品与服务来满足消费者需求，“顾客是上帝”不仅仅是一种终端服务概念，而是整个设计、生产、销售链条的原则。所以，软化 B2B 和 B2C 之间的信息壁垒，加强核心产业链与消费者之间的联动，是“互联网＋医美”布局的关键。

（六） 在线医美产业链

在线医美主要布局在医美产业的中下游，行业的主要交易额也发生在这里。在传统医美产业链中，医美设备和原材料经过经销商的流通环节，效率低且成本高，出厂价往往与最终售价相差数倍，无形中增加了医美产品的最终定价。传统连锁医美往往采用 SEO、电视广告、户外广告等广泛营销获取客户，这类营销获客成本高达6000元/人左右，羊毛出在羊身上，这部分成本最终也会体现在产品价格上。小型机构往往支撑不了这么高昂的营销费用，主要通过自身客源维护或委托小的营销团队进行销售，这类医美机构营销成本相对较低，但门诊型的医美机构往往鱼龙混杂，有的甚至没有营业资质，医生的医疗水平不能保证。

“互联网＋医美”的形式改变了传统获客渠道，但目前的在线医美产品主要都是围绕患者和医美机构之间布局，同时与保险公司、金融机构合作，推出医美分期和医美保险等业务。针对医美产业上游医美机构设备和材料采购环节的布局较少，也尚未出现针对医师培训提高医师水平的产品，互联网医美产品还主要停留在资源整合和信息优化的层面，尚未出现可以联动整个医美产业链的产品，如图1－8所示。

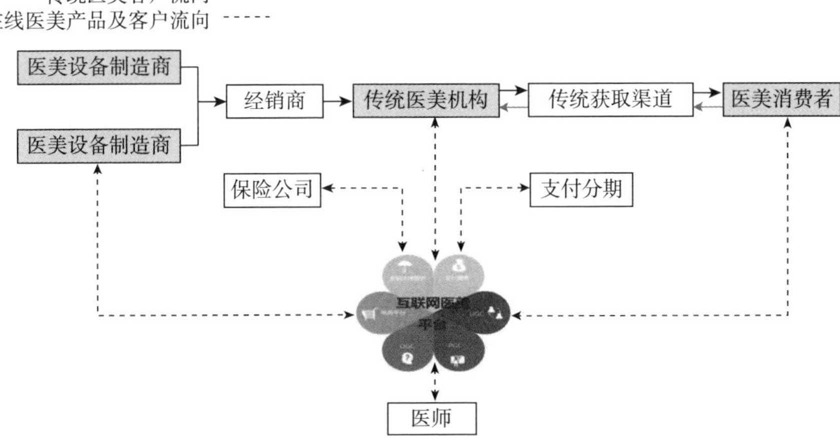

图1－8　在线医美产业链客户流向

（七）在线医美产品矩阵

不同在线医美产品侧重也不尽相同，因此，我们按照产品的侧重方向对在线医美产品进行了分类，主要分为医学医美、轻医美、医美保险金融服务、海外医美、医美SaaS，根据产品最终形态绘制了在线医美行业的产品矩阵，如图1－9所示。目标市场主要分为国内市场和海外市场，细分领域可以按照医疗相关性高低区分，目前在线医美产品以这六种类型为主，产品类型相对单一，并且以服务驱动为主，行业壁垒不高。

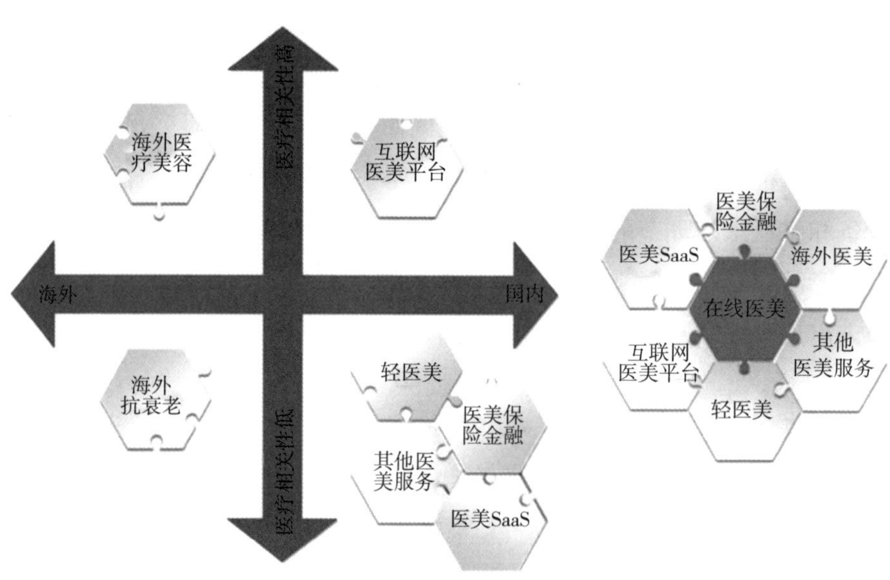

图1－9 在线医美产品矩阵

2016年，在线医美各类产品中，医疗级医美平台的数量一枝独秀，占在线医美产品的比例超过五成，医美分期占比16%，生活医美占比10%，海外医美占比9%，医美SaaS占比7%。整体处于上升趋势，尤其是医疗级医美平台、医美分期及生活医美三类产品相比2015年增长比较明显，如图1－10所示。

（八）在线医美行业未来发展趋势

医疗级医美平台发展模式主要分为社区型医美电商和云诊所两种模式。社区型医美电商现在的发展模式主要为“社区＋电商平台＋专家咨询”的模式，内容上主要是三方面“UGC＋OGC＋PGC”，即“用户

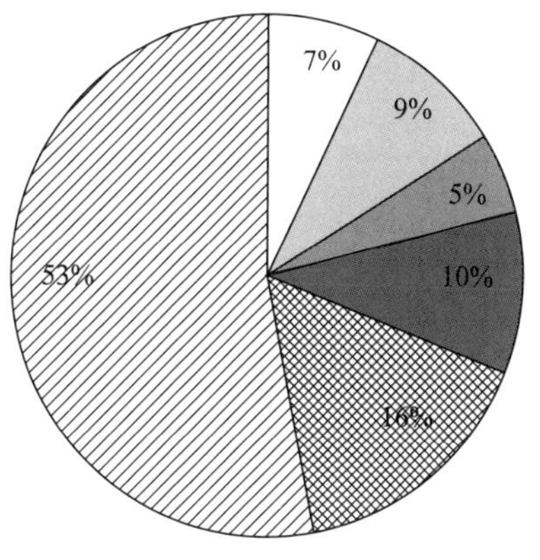

图1－10　在线医美产品增长率

分享内容＋科普内容＋专家讲解内容”，其盈利点也主要围绕着电商平台，通过打造用户—内容—整容消费—内容—用户的闭环来稳定平台的发展，提升其用户黏性和变现能力，如图1－11所示。

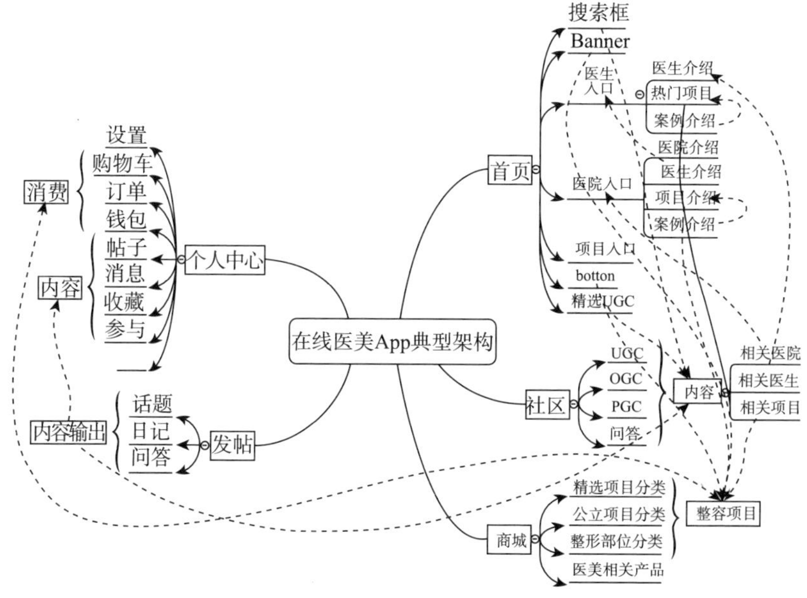

图1－11　典型社区型医美电商App架构

但是，目前社区型医美电商 UGC 质量和可信度很差，又普遍存在巨量的马甲和医托，而且医美行业并不具有餐饮、交通等高频消费特点，另外社区型电商也并不具有中立属性，所以，对于医美机构的客观评价难以形成。对于社区型医美电商，粉丝是最优质的目标消费者，想要从粉丝身上获利，关键在于营造社区参与感，建立医师与目标消费者之间的互动，提高社区话题性，才可以推动优质的 UGC 内容的产生。

医美云诊所主要以医美 App 新氧（简称新氧）、医美 App 更美（简称更美）、医美 App 悦美（简称悦美）三家为代表，这三家早期也是社区型医美电商，后转型为医美云诊所形式，基本的模式是：医美 App 平台与各地线下诊所或者医院签约，之后与优质整形医生签约，线下诊所为医生提供客源、场所、设备、管理、服务，然后与医生进行财务分账，由于有国家对多点执医的政策支持，因此在保障医美医师质量的前提下，存在一定的想象空间。

（九）海外医美市场潜力大，白领将成为核心消费者

韩国政府将医疗旅游合法化后，在政府的大力支持下，医疗旅游业得到了飞速发展。据韩国观光公社发布的统计数据显示，2016 年访问韩国的外国游客突破 1500 万人次大关。其中，中国游客高达 700 万人次，接近整体游客比例的一半，同比猛增 40%。

相关数据显示，中国内地消费者在海外医疗市场消费中整形、抗衰老占较大比重，为 60%，海外医疗的消费者主要是高净值人群。但随着医美技术的进步、微整形及轻医美等医美方式的发展，跨境医美消费者逐渐从小众人群下沉到普通大众，都市白领将成为核心消费人群。

（十）医美 SaaS 从 B 端切入 C 端，或建立风险定价体系

互联网发展到今天，数据的价值逐渐显现。过去医美机构过度依赖百度等竞价产品，营销手段过于单一，缺乏方向性指导，造成实际成本投入高于产出成本。由此垂直服务于医美行业的“SaaS + 商机”模式应运而生。

医美 SaaS 公司的发展路径是整合 B 端资源，再获取 C 端用户。医美 SaaS 商业模式采用年费、商机费获取收益，服务对象是大型连锁机构、大型单体机构、中小型门诊，其中立性强，支持行业所有生态伙伴入驻。有机会获得全行业大范围数据，并为医美机构带来巨大商机。而医美 SaaS 公司掌握的医美数据不仅可以为医美机构服务，同时可以接入金融机构，建立医美分期的风险定价体系。

（十一）医疗美容生活化，轻医美或成为医美新爆点

生活级医美也叫轻医美，指通过各种非手术医学手段，如激光、射频、注射填充、生物技术、化学剥脱等，来替代传统的手术项目，实现紧肤除皱、面部微整形、面部年轻化、瘦身美体及皮肤问题治疗的全新概念。

随着医学美容在中国被接受程度的逐渐提高，医美行业中的轻医美比例也在逐年提高。随着生物科技和声、光、电等医疗美容设备的快速发展，医生不用动刀就能解决很多难题。

资料显示，我国台湾地区有超过 1000 家轻医美机构，以医疗美容手术见长的韩国，医疗美容机构也普遍设有轻医美部门。轻医美具备的“高频低价”的理想消费属性，容易建立量化的评价体系，“高频低价”也使轻医美在医美行业爆发的过程中具备更高弹性。随着技术、资本、产业资源等要素快速涌入，轻医美的便利程度和性价比会快速提升，轻医美模式或成为医美行业的下一个爆发点。

附录：新氧2018年医美行业白皮书

医美消费概况解读

《新氧2018年医美行业白皮书》线上调取了新氧后台3500万用户数据，抽样了100万份订单信息，横跨3年时间维度对比分析；线下对138家医美机构走访调研，同时查阅并引用了国际美容整形外科学会（ISAPS）、德勤、易观等第三方机构的公开数据。动脉网对新氧发布的《2018年双11医美消费城市榜单》做出了以下四点解读：

1. 2018年中国医美市场规模超2200亿，还有近6倍增长空间

2014－2017年，是医美产业爆发式的增长阶段，一方面大量“90后”涌入市场；另一方面中国医美也步入激烈的淘汰赛阶段。

经过这几年的发展，2018年中国医美市场规模或达2245亿元，同比增速25.67%。过去3年中国医美市场平均年增速达到31.83%，处于爆发期，如图1－12所示。

对标韩国，中国医美消费还有近6倍增长空间。在18～40岁女性中，中国医美用户渗透率为7.4%，韩国为42%，二者之间有近6倍的差距，因此中国医美市场顶层天花板高高在上，未来增长空间可期。

未来5年，中国医美市场平均年增速预计将达到25.67%，二线以下城市的年轻女性将成为增长的主要推动力。流量将进一步向头部平台和品牌机构倾斜，更多的医美机构将依靠品牌建设和消费者认可脱颖而出。

从近2年消费数据看，医美成为“00后”的日常生活方式这一趋

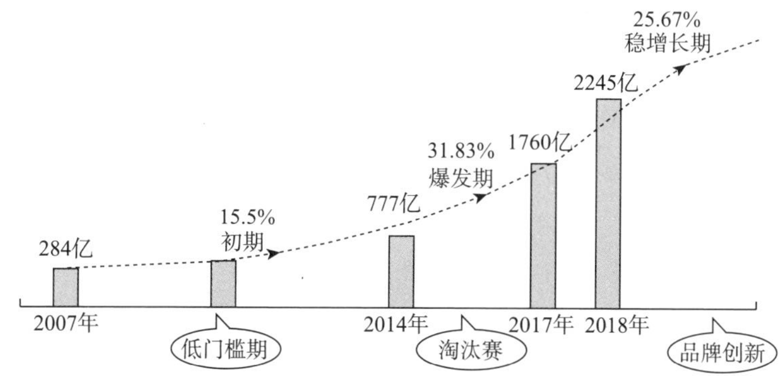

图 1-12　历年中国医美市场规模与增速（图由北京新氧科技有限公司提供）

势端倪已现，新氧预测这一趋势会愈演愈烈，因为“00 后”相比“90 后”，他们对医美的观念更加开放，加之科学技术越来越发达，社会态度也越来越开放。从数据上看，年轻医美消费人群的占比在逐年增加，以 19 岁以下中国医美消费者占比为例，2017 年为 15.44%，2018 年为 18.81%，如图 1-13 所示。

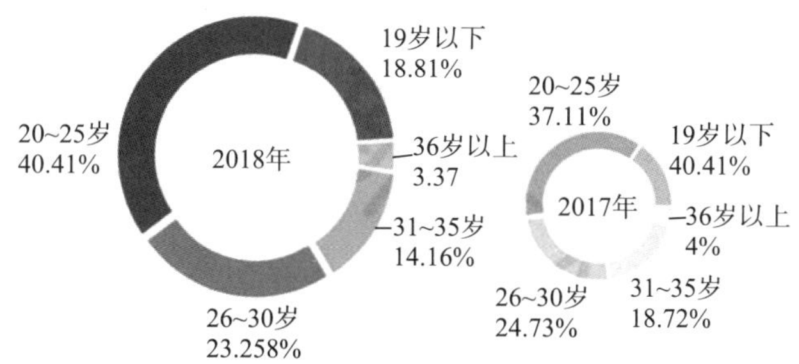

图 1-13　中国医美消费者年龄分布（图由北京新氧科技有限公司提供）

在医美消费观念上，根据新氧调查，中国社会超六成人对医美持正面态度。其中 24.26% 的人持欣赏态度，认为这是身处看脸社会的勇敢者的选择；36.89% 的人愿意微调；还有 4.93% 的人愿意尝试手术类项目。

2018 年 3 月 8 日，《南方周末》联合新氧发布《中国女性自信报告》，报告显示，中国女性不够自信，中国男性谜之自信，中国整形女性更自信。整形为中国女性提升自信的八大方式之一，另外 7 种方式分别为：读书、运动、服饰、交朋友、旅行、化妆、培训。

回归历史，中国医美消费由明星网红带动，近年开始走进公众生活。2015 年由于工作需要整形的用户占比是 49%，到了 2018 年这一数据已经降低到了 19%。另外，为了取悦自己而整形的用户占比从 14% 上升到了 57%。

在我国，人口数量从一线，到新一线，再到二线、三线、四线以下依次增多，但医美消费在适龄人口中的渗透率却是明显依次递减的，这说明未来广大的二线以下城市的年轻女性是主要的增量人群。

举例来说，中国“北上广深”4 个一线城市容纳了全国 4.8% 的总人口，医美消费在 18～40 岁人群的渗透率达到了 21.16%。而昆明、合肥等 30 个二线城市容纳了全国 10.82% 的总人口，医美消费在 18～40 岁人群的渗透率却仅为 4.22%，如图 1－14 所示。

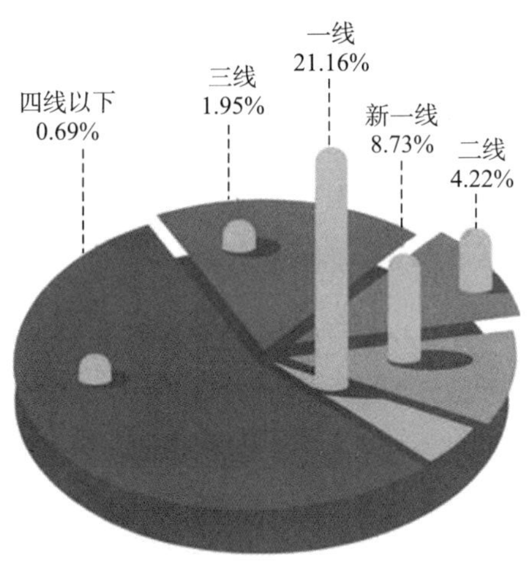

图 1－14　中国人口分布与医美用户渗透率

（图由北京新氧科技有限公司提供）

与庞大的年轻消费者基础及医美消费观念转变相比，在我国，整形外科医生紧缺，供给侧成职业蓝海。每百万人保有的整形外科医生数量为 2.88 位，远低于美国的 20.18 位和日本的 17.54 位，如图 1－15 所示。

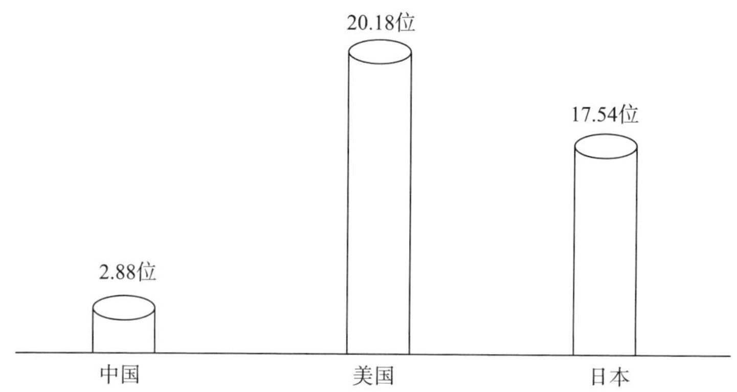

图1－15　中、美、日三国整形医生保有量对比（图由北京新氧科技有限公司提供）

对于整形外科医生缺失的问题，新氧创始人兼CEO金星认为，这是目前制约中国整形产业发展的因素之一。因为无法提供充足的有效供给，可以从开放医生多点执业、提高周转效率、以新技术替代部分医生的工作，以及加强院校培养等方面着力，缓解医生紧张的问题。

2. 用户在用哪些方式积极提升自己的颜值

从最受消费者欢迎的非手术医美项目看，全球消费者的喜好非常相近。在前5大受欢迎项目里都出现的有：透明质酸填充、肉毒杆菌注射、激光脱毛、光子嫩肤，如图1－16所示。

从市场情况来看，这4个项目已成为引流项目，即价格接近成本价，甚至是赔钱售卖，以吸引更多的消费者到店。而人们进行医美消费时，主要考虑四个方面的问题：效果、安全、价格和痛感。其中最重要的考量因素是效果。

从最不受欢迎的医美项目看，中国和全球数据有不同的取向。从我国数据看，被淘汰的主要是效果不佳或风险高的项目，埋线隆鼻是中国首要被淘汰项目。从全球数据看，被淘汰的主要是仪器和技术药品迭代更新后的项目，如图1－17所示。这种不同取向出现的原因，主要是因为我们医美消费的阶段相较于发达国家滞后。

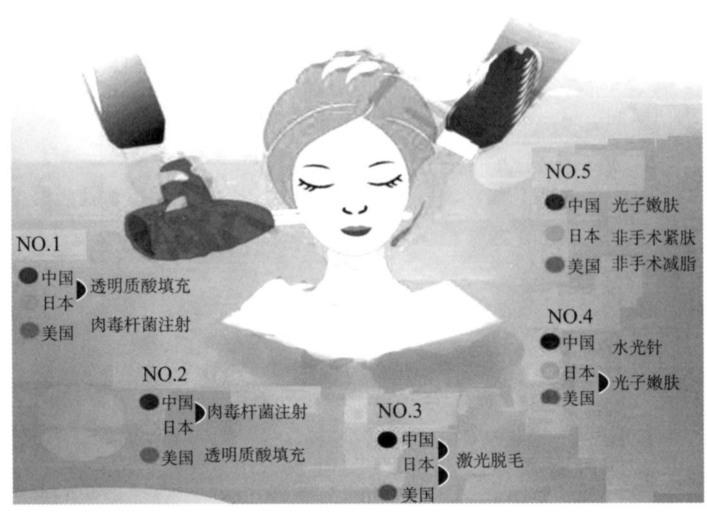

图 1－16 最受消费者欢迎的非手术类项目（图由北京新氧科技有限公司提供）

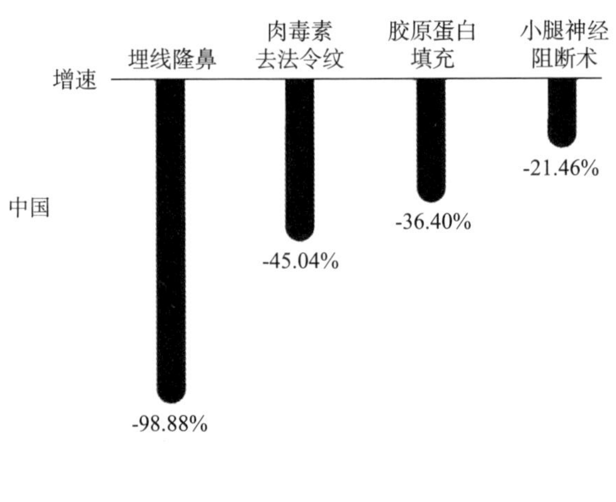

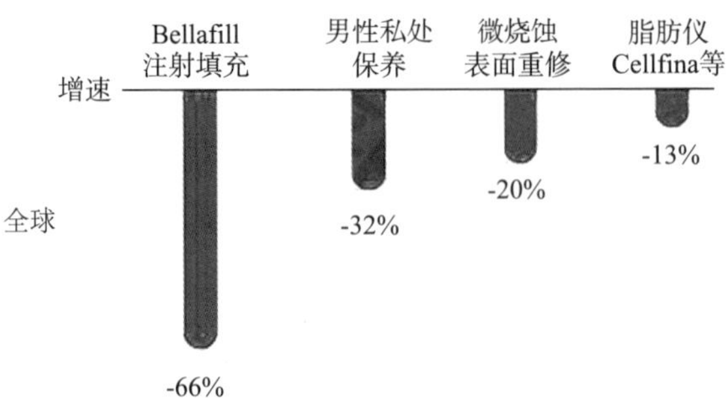

图 1－17 最不受欢迎的医美项目（图由北京新氧科技有限公司提供）

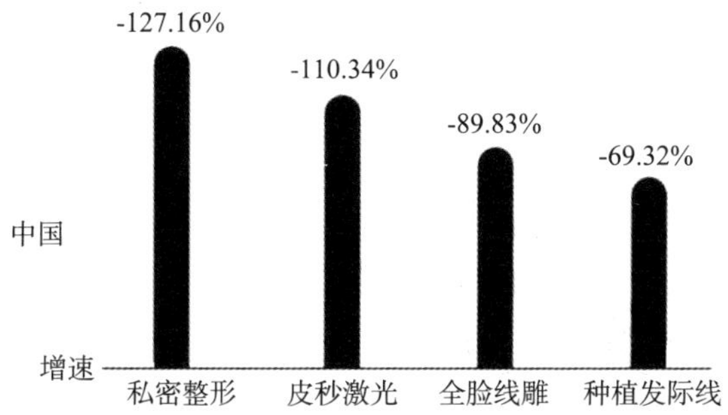

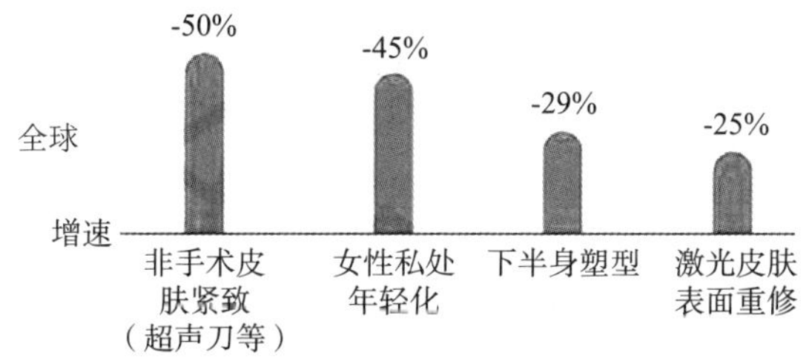

图1－18　增长最快的医美项目（图由北京新氧科技有限公司提供）

从增长最快的医美项目看，中国和全球数据亦有不同的取向。我国私密整形增速第一，皮肤类改善需求是全球增速的2倍，如图1－18所示。医美本身就是一种消费升级，而私密整形是消费升级中的升级。

近年，科技推动“微整快餐”，利用午休的时候去诊所做个小项目，即可达到长效的皮肤和形态改善，尽显医美效用，受到消费者欢迎。

除了女性之外，男性也渐渐加入医美阵营。根据新氧大数据，中国男性医美消费者的占比为11.12%，略低于国际上的13.8%，未来预计男性消费者增速会快于女性。

虽然男性数量少，但他们更愿意倾囊投入。根据新氧大数据，男性医美消费者的平均客单价为7025元，女性为2551元，如图1－19所示，男性平均每单的花费是女性的2.75倍。

大眼睛、双眼皮、高鼻梁、丰乳细腰已成为年轻男女自选标配。男

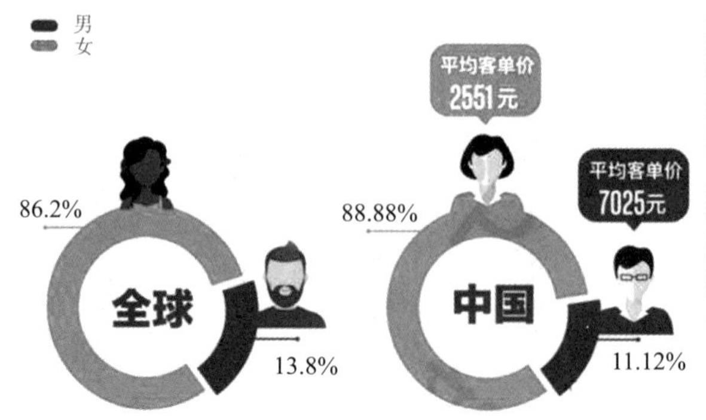

图 1-19 男女医美消费对比（图由北京新氧科技有限公司提供）

性买了什么项目，会那么贵呢？非手术项目的偏好前面我们介绍过了，无论中国，还是全球，无论男女，最喜欢的无非是肉毒、玻尿酸、激光脱毛和光子嫩肤，价格并无较大差异。

	全球女	中国女	全球男	中国男
NO.1	隆胸（硅胶植入）	埋线提升	眼睑手术	鼻综合
NO.2	吸脂	切开双眼皮	男子女乳症	自体脂肪丰面颊
NO.3	眼睑手术	自体脂肪全脸填充	鼻整形术	植发
NO.4	腹部整形术	吸脂瘦大腿	吸脂	双眼皮
NO.5	乳房提升术	鼻综合	头发移植术	吸脂瘦腰（腹部整形术）

图 1-20 最受男女性欢迎的项目（图由北京新氧科技有限公司提供）

因此，我们选择手术项目，看下男女的不同偏好，如图 1-20 所示。我们看到中国男性选择、女性没选的手术项目是植发。种植毛发是比较昂贵的项目，现在年轻人脱发现象并不少见，医美可以有效改善毛发浓度。

从全球数据看，植发同样是全球男性最欢迎的手术项目之一。在脱发的问题上，中国男性的现状和改善方式已与国际接轨。

相比男性，更多女性开始注意腋下和私处的细节护理。近年来得益于医美技术迭代和消费者对医美的接受度不断升高，新项目不断出现，体现出消费者对完美生活的不懈追求。比如下面两项：腋下丝滑皮肤管理、比基尼心型脱毛。

比较有意思的一组数据是全国各省的消费者喜好。我国地域广大，不在地区的人群有不同的面貌特征和喜好，具体反映在医美消费上，有不同的偏好，如图 1－21 所示。

图 1－21　地域消费者医美偏好（图由北京新氧科技有限公司提供）

郑州出大眼美女，乌鲁木齐以瘦为美，广州拒绝平胸，沈阳小脸最迷人，拉萨崇尚一白遮三丑。根据新氧大数据，北京用户赴韩整形者最多，占比达到全国的五分之一。沈阳用户“削”脸不含糊，把自己整成小 V 脸。成都用户最注重“性福”感，私密项目占比全国最高。上海用户打出的投诉电话仍然高居第一位。差不多八分之一的植发订单在杭州消耗掉。

3. 消费者安全意识提升，医美 App 防坑有招

医美是重决策的消费行为，2018 年中国医美消费者预计有近 2000 万人次。在这 2000 万人次的外围，是数亿对医美怀有好奇心的

人群。2017 年新氧公众号覆盖 1.2 亿人次，他们在那里了解明星变美的秘密。

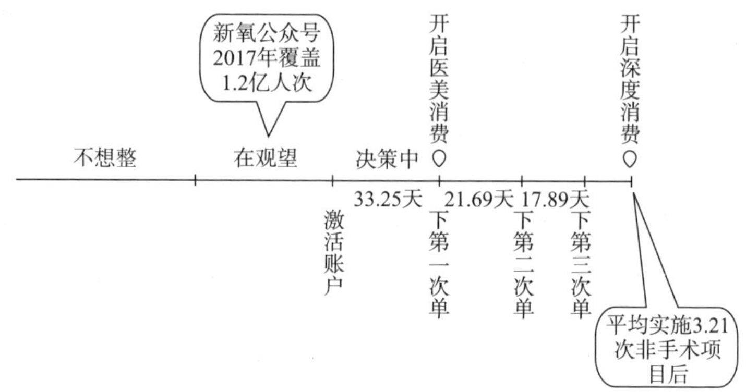

图 1－22　医美消费决策周期

医美消费第一单前需要突破强大的心理障碍。根据新氧大数据，新氧用户从激活新氧 App 账户到下第一单的平均周期为 33.25 天，复购决策加快，如图 1－22 所示。新氧上累积了 380 万篇消费者亲自撰写的整形日记，并与 7000 余家正规医美机构和 25814 名有执业资格的医生相关联，基本覆盖了中国正规医美市场服务提供商，吸引了大量潜在消费者查看。

虽然第一单平均决策周期为 33.25 天，但一旦迈出第一步，后面的决策周期在加快。手术项目用户在下第一台手术订单前，平均实施过 3.21 次非手术项目。

有个观点叫作“整形上瘾”，这是因为人类要对抗衰老。所以一旦开始消费医美，为了维护住效果，需要周期性的修护。新氧建议消费者，理性整形，拒绝上瘾。通过少数项目的调整，焕发出一个最佳性价比的效果，美好的外在与内在同修。

2018 年，中国医美黑市商家数量是正规商家的 10 倍以上，但是从增速看，正规市场首次超过黑市，出现逆转，如图 1－23 所示。

2018 年中国医美正规市场规模或达 878 亿元，同比增速 46.4%，共有近万家正规医美机构提供服务。中国医美黑市规模或达 1367 亿元，

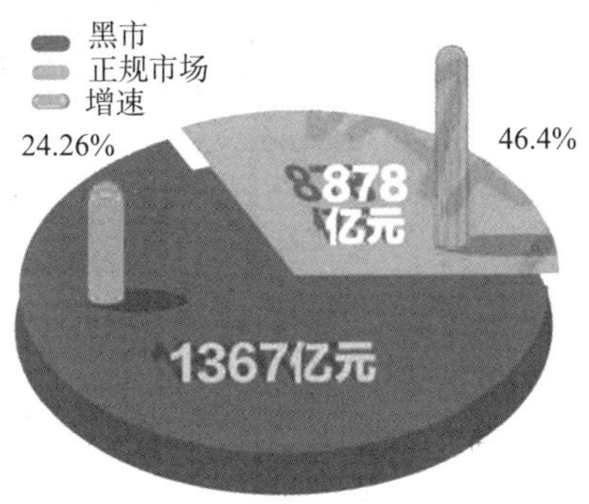

图 1－23　正规和黑市医美市场对比（图由北京新氧科技有限公司提供）

同比增速 24.26%，共有超过 10 万家非法执业的工作室、美容院等机构。

有两类消费者最易受黑市危害，一类是希望通过高价买“安心”的消费者，另一类是图低价傻大胆的消费者。前者在装修考究的大中型美容院和超限经营的医美机构，施行线雕提升、抗衰、隆鼻、切开双眼皮、肉毒素注射、玻尿酸填充、脂肪填充、溶脂等项目。

后者在遍布于大街上的小型美容院和微整型工作室为代表，施行肉毒素注射、玻尿酸填充、埋线提升、半永久、美白、玻尿酸去黑眼圈、脱毛等项目。

我国 90% 以上的事故都是出自这样的三非之地，即非正规机构、非正规医生、非 CFDA 药品。消费者需警惕“店大欺客”和“街头游医”。

黑市规模大、数量多。那么，作为消费者，如何避免陷入黑市之手呢?《新氧 2018 年医美行业白皮书》给出 6 招，分别是找正规机构和医生、查百科了解项目、AI 面诊了解自己对症下药、查看消费者评价找口碑好的机构和医生、要正品药械、加强危机和维权意识，并给出了具体的操作方式，如图 1－24 所示。

图 1－24　新氧给出防坑六招（图由北京新氧科技有限公司提供）

4. 品质消费驱动技术精专，AI 面诊让变美更科学

当前新技术不断迭代，消费者的消费路径在过去 3 年中经历了一次转变，未来还会有根本性的变化。

以咨询师为例，很多医美机构都设有这个岗位，而且很重要。名为咨询，实为销售，他们往往会打探消费者的消费能力和整形意愿，然后看人报价，并且从中提取高额的报酬。传统医美机构往往采用这种模式，最大可能地一次性榨取消费者的价值。

而在医美 App 上，价格透明、项目公示，给咨询师留下的腾挪余地变小，最大可能地保护消费者的利益，也帮助优质机构建立品牌。未来，随着 AI 技术的成熟，咨询师将被完全取代。机器会代替人，给出系列客观的解决方案，如图 1－25 所示。

2018 年，新氧调取了后台近 400 个项目近 3 年的交易价格，得到医美项目的线上均价。然后走访了 138 家医美机构，得到医美项目的线下主要价格范围。统计后发现，近 3 年医美项目线上均价平均下降了 29%，如图 1－26 所示。价格下降的原因主要是因为医美 App 让交易更透明、公开，消费者对于抗衰和手术类项目越来越注重品质和效果。

从前机构同一项目，存在看人报价的问题。在新氧上 7000 余家医

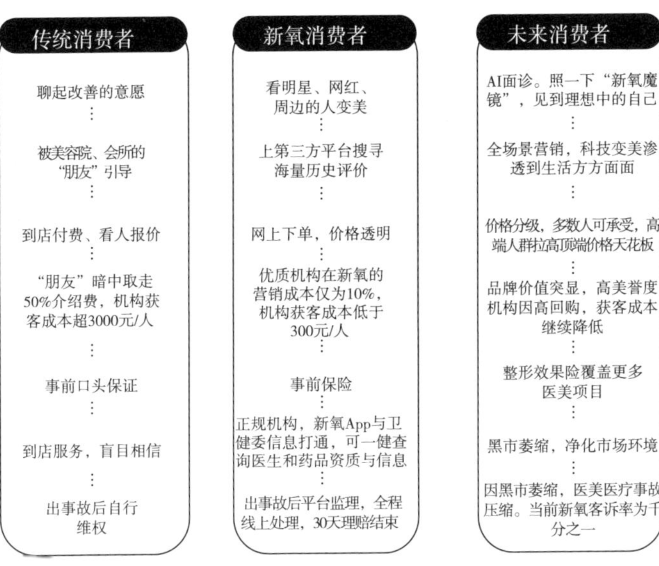

图1－25　消费者路径选择变化（图由北京新氧科技有限公司提供）

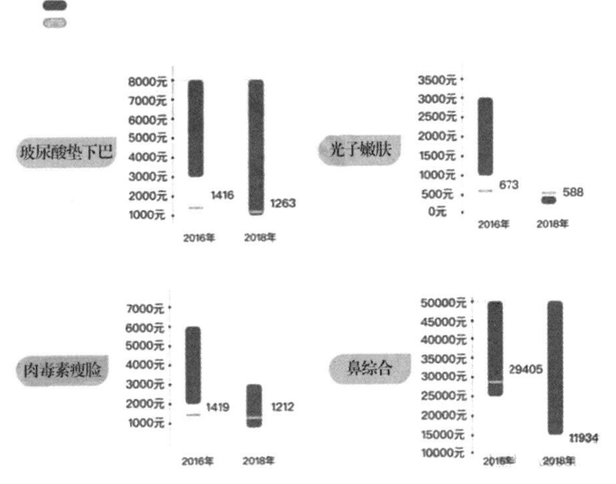

图1－26　项目价格变化（图由北京新氧科技有限公司提供）

美机构、近400个医美项目，明码标价，让浑水摸鱼者无处容身。

对于医美机构来说，也越来越精专。过去3年，医美消费的价格持续走低，部分引流项目的价格甚至已经低过了成本线，机构赔钱售卖。但是矛盾的是，从消费者决策依据看，价格的影响权重占比仅为11%。医美消费者为了更好的效果和更低的风险，往往愿意花更多的钱。

因此，对于医美机构而言，价格战不是出路。机构需要在细分领域确立自己的品牌地位，以应对消费者对专业度的新需求。事实也是如此，我们看到过去的医美机构往往以什么都能做为傲，但是当前医美机构越来越向精准和专业方向延伸，医美 App 正在帮助更多优质机构建立品牌和忠诚用户，如图 1 – 27 所示。

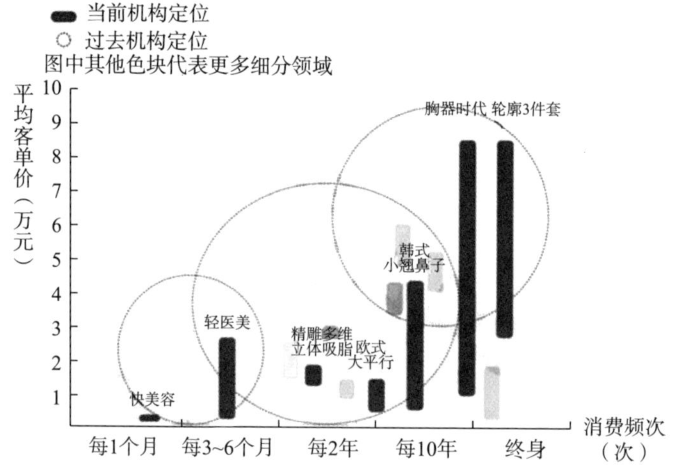

图 1 – 27　医美机构品牌定位变化（图由北京新氧科技有限公司提供）

在医美市场竞争越来越激烈的时候，越来越多的医生聚焦于一个专业的方向，有的医生专门做眼睛，有的医生专切双眼皮，有的医生就专门做鼻子，专注力会提升他们的竞争力。很多医美机构也越来越有清晰的定位，最终使消费者认可其专业度。

医美消费趋势和特点

中国医美用户的平均年龄比美国用户年轻 10 岁，他们的审美观和消费观还不太成熟，因此还需要科学医美知识的普及和浸润。比如新氧公众号，2017 年覆盖 1.2 亿人次，向潜在消费者传递的价值观是：理性整形、安全变美、内外兼修。

2018 年 12 月 13 日，互联网医美平台更美发布《2018 年双十二医美消费报告》。报告根据更美双十二期间，不同性别、年龄、收入的医美用户的下单行为，不同城市、不同医美项目的数据表现制作而成，以期能窥探到当今医美消费市场的趋势和特点。

2018 年双十二期间，数千家医美机构参与更美活动，提供上万个医美项目美购的折扣和返现活动，吸引近千万用户“围观”和“囤货”，医美逐渐成为爱美人士的日常选择之一，动脉网对榜单做出了以下五点解读：

1. 最强消费十城七南三北，南方医美规模远大于北方

双十二期间订单量最多和人均医美消费金额最多的 TOP10 城市是北京、成都、广州、杭州、上海、深圳、武汉、西安、郑州、重庆。其中有 7 座南方城市，3 座北方城市，南方整形人群远多于北方整形人群。

不过，北京作为上榜的北方城市，两项榜单中均位居第一，也算为北方挽尊。成都作为二线城市，冲入全国第二名、南方城市第一名是因为当地丰富的医美机构资源和成熟的医美市场。

2. 重庆人爱做大型医美项目，北京、深圳两大 IT 城成植发重城

医美最强十城的医美购买力不容小觑，通过十大最贵医美项目销售额的 35% ~45% 来自医美最强十城可见一斑。重庆人在隆鼻、颧骨内推、面部脂肪填充等大型医美手术项目上消费金额占比较高，重庆人更爱做大型医美项目。

另外，北京、深圳是毛发移植项目消费金额占比最高的两座城市，并远甩其他城市。作为国内两大顶级 IT 城，都汇聚了大量的程序员，因此成为植发购买力强的城市也不奇怪。

3. 双十二销售总额接近三成来自男性，男性医美市场潜力巨大

本次更美双十二期间，男性医美用户表现抢眼，贡献了医美销售总额的26%。男性占下单人数的15%，但男性贡献了近20%的订单数。此外，男生多下单昂贵项目，平均客单价高达7500元，是女生客单价的两倍还多。

双十二，男性最爱下单的前五名项目是祛眼袋、植发、隆鼻、肉毒素注射、祛痘。《中国青年颜值竞争力报告》曾显示，男性大部分40岁才开始采取变美措施，此时多下单祛眼袋、植发等中年医美项目。

相比女性从18岁就开始采取变美措施，男性医美可挖掘的空间还有很多，市场可以投入更多资金进行男性医美意识的塑造。

4. “90后”成为整形主力军，双十二人均订单量高达5单

“90后”正成为医美消费主力军，据后台数据显示，“90后”双十二人均下单5单，远超“80后”的3单、“70后”的1.5单。这是因为“90后”目前19～28岁，处于颜值压力最大的人生阶段，医美需求度较高。

在医美项目的选择上，不同年龄段呈现出差异。“90后”更偏爱大整，最爱下单的项目包括面部脂肪填充、双眼皮、鼻综合、隆胸等；“80后”更偏爱抗衰，爱做的项目包括超声刀、热玛吉、肉毒素注射等；“70后”愿意花钱除去更明显的衰老特征，譬如爱做祛眼袋、女性私密等项目。

5. 注射光电类微整项目是大势所趋，瘦仍是当代主流审美

注射类光电类微整项目成为医美大势所趋。玻尿酸、肉毒素注射上榜双十二最受欢迎项目的第一名和第四名，在大促期间掀起一股囤货潮。

此外，光电类的光子嫩肤、超声刀也上榜了最受欢迎项目前十名。其中，超声刀的客单价近年来已经降到接近万元，“北上广深”25岁以上的白领一年消费一次绰绰有余。与超声刀客单价走低相反的是植发的

客单价走高，这主要源于 2018 年大面积植发的订单数上涨。这也从侧面反映了 2018 年国民的脱发情况相比 2017 年更严重。

吸脂上榜最高价项目前十名和最受欢迎项目前十名，吸脂手术虽贵但也受欢迎，变瘦仍为当代审美主流。

第二章

产业篇：医美产业链布局

一、医美 App 的三大价值

（一）连接人和信息

医美是一个偏重决策的消费，它的消费决策需要的信息非常多，比如机构、医生、项目本身、价格、口碑、评价等。这些信息在 App 里是如何被安排的？

在医美 App 里，一个用户发表了一篇日记，它首先被分类和关联指向了某一个项目（如：线雕面部提升），以及一个 SKU，通过这个 SKU 关联了某一家医院、某一个医生，以及这个医院的其他项目，和做过类似项目的其他消费者。

这些信息是通过结构化、系统化的方式被组织起来的，用户可以快速找到自己想要的信息，非常高效，体验很好。这些内容都存在于互联网中，诸如各种论坛、贴吧、微博和朋友圈，但之前它们是孤立和分散的，用户做功课需要花费很多时间，而医美类 App 不仅系统地重新整理和存储内容，并且引导用户不断制造内容。随着几年的时间积累，内容沉淀厚度的增加，变成了医美用户获取信息最方便的地方。内容的厚度，也形成了垂直 App 产品的壁垒，体验比搜索要好，所以医美 App 在移动时代一定程度上替代了搜索，成为整形用户的新入口。

当前信息呈现方式已经非常多元化，以前问答、图文就已经能满足用户要求，现在我们也在不断生产新的内容形式来吸引用户，比如视频、直播、达人 KOL、自制节目等，进一步满足用户需求。

（二）连接人和服务

以前电商只连接人和商品，团购的出现可以连接人和生活服务，后来滴滴可以连接人和出行服务，而医美 App 可以连接人和医疗服务。

医美 App 使得消费者可以直接在互联网上选择一个医疗属性的服务产品，并且下单支付然后到院消费，将人和服务做了连接。

在连接人和医疗服务中，有两件事值得一提，一是价格的确定性。确定性带来安全感，尤其是价格的确定性。

价格的确定性，是一个用户体验的前提。你很难想象一个消费行业，用户都不知道购买医美服务需要花费多少钱？这个行业能做多大规模？占 GDP 多大的比重？房子、车子、衣服、吃饭和打车，这些衣食住行的行业，在用户心里都有一个大致的价格认知。

举个例子，打高尔夫球一年要花掉多少钱？一个潜水爱好者一年要花掉多少钱？除了业内专业人士外界知之甚少。虽然这两个领域很高端，但非常小众，占 GDP 的比重可忽略不计，整个行业很难做大，价格透明、确定才是一个行业规模化的前提。

医美行业过去也是类似情况，北京有 2200 万人口，很少有人知道打一支瘦脸针大致要花多少钱。在医美 App 出现之前，互联网上是没有医美服务价格的，相反，信息不对称是行业的重要营销手段，但是行业发展也因此受限，还有很多灰色地带出现，因为不确定性会带来不安全感，大量的人对医美有负面印象，而且认为医美充满暴利，这种不确定性反过来会抑制消费需求。

医美 App 的电商经过几年的发展，已经遍布全国 300 多个城市，6000 ~ 7000 家机构，5 万个 SKU，其实已经对这个行业的价格确定性做了很大的推进，也是对用户体验的极大提升。

所以，这几年医美 App 帮助了很多小白用户，这些人自身有对美的追求，但对医美完全不了解，对价格恐惧，对安全感怀疑，我们帮助他们走进了整形机构，带来了行业的增量。

另外，对服务的连接会通过平台对商家赋能来实现。平台通过系统化和数据化的产品来帮助机构生产内容、获取用户、树立线上口碑，并反过来推动线下服务的提升。

最近半年，平台针对机构推出了一系列新的产品功能，在商家的获客效率上有了明显提高，比如重要沟通工具完全自研的私信系统、商家后台详细的数据分析系统、拼团、红包等营销工具。平台会持续在提高商家获客效率方面付出努力。

（三）连接人和人

医美服务有特殊性，低频、高价、重决策，用户关心安全性、效果、价格等多方面因素。

只给用户提供内容和服务价格是不够的，用户的购买转化率还是很低。所以对于医美行业而言，连接人和人特别重要，人提供的咨询和温度更加重要。

对于用户而言，用一个账号和全国任何一家医美咨询师、医生进行沟通，是医美 App 的另一个很大的价值。

现在时尚电商里流行一个概念叫“工厂店同款”，你去电商平台买东西，平台会告诉你这个商品的供应商是耐克、CK、迪卡侬的供应商，品质一样，但价格更便宜。

在消费升级的潮流中，对品质的追求上升到了追溯产地，以及上游供应商。以前消费者买一条毛巾，随便挑个品牌就好，现在好的毛巾，突出的是新疆长绒棉，因为它拥有充足的日照。

同样的道理，消费者会说，我需要享受和民营医院一样的服务，比如预约和舒适的环境，但是我也想要公立三甲医院的同款医生，现在医生多点执业正好可以实现这一点。

医生原本在价值链里面处于上游，由于医美 App 的存在，医生在售前决策中离消费者更近了。以前只有到院才能见到医生，现在通过线上问答、视频、直播等形式都可以实现，医生的品牌性更加突出。

由于多点执业的放开，医生IP的作用加强。医生作为上游，甚至独立于机构品牌，直接面对消费者，这点在公立医院的医生中更为常见。

二、上游：整合并购是趋势

医美产业链的上游为医疗器械生产商和耗材生产商，上游到中游为代理商和经销商，中游到下游为整形医院、整形诊所、医院整形科、美容院，下游为医美导客平台，终端为消费者，如图2-1所示。

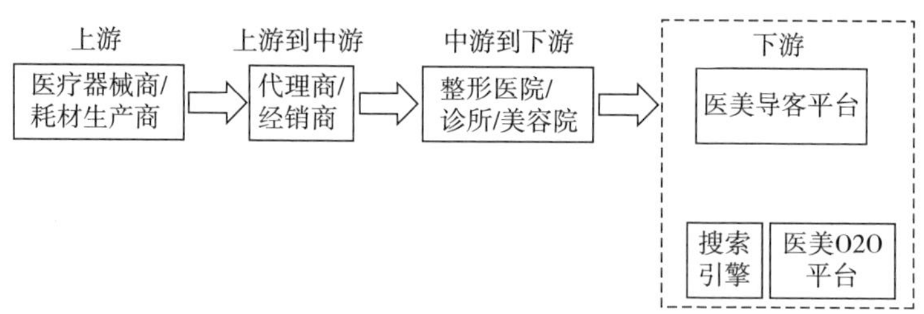

图2-1　医美行业产业链

上游的医疗器械商和耗材生产商由于相对严格的监管和技术门槛，数量不多，产业集中度高，龙头企业利润率较高。医疗美容器械市场规模庞大，据弗若斯特沙利文咨询公司（Frost sullivan）预测，2016年全球医疗美容器械市场的销售收入约为49亿美元。其中，美国市场销售额约为16亿美元，位列第一；其后为中国，8亿美元；然后为巴西，约6亿美元。从产品维度而言，使用最多且增长较快的医疗美容器械产品有激光美容仪、射频美容仪、美容注射器和吸脂机等。

主要的医美耗材包括胶原蛋白、美白针、玻尿酸、肉毒素、羊胎素，以及其他假体和注射填充物等。同类产品中，国产产品价格一般较进口产品价低50%，但由于监管政策缺失，各色假冒伪劣耗材充斥，导致医疗事故频发，多数正规的整形机构依然愿意购买进口产品。

（一）器械耗材，巨头的角力

器械类主要包括激光美容仪、射频美容仪、美容注射器和吸脂机等。美容器械利润更高，其主要生产厂家大多数为欧美企业，如美国科医人、赛诺秀，还有以色列飞顿等，国内有奇致激光等。

耗材主要包括用于美型填充的透明质酸（玻尿酸）和爱贝芙（填充类胶原蛋白），用于除皱的肉毒毒素（A型），以及用于保湿修复的胶原蛋白等，如图2－2所示。优秀企业包括昊海生物、华熙生物科技、双鹭药业、东宝生物、上海其胜等。

医美上游机构

上游盈利能力较强，集中度高，较为规范

玻尿酸、肉毒素、水光针、美白针、果酸、溶脂针、胎盘素等

隆胸假体、鼻假体、面部假体、齿科种植体、齿科隐形牙套等

皮秒激光、紧致提升仪器、嫩肤仪器、水光注射仪、清洁去痣仪等

药品

肉毒素

Allergan：Botox（2012）
兰州生物制药研究所：兰州衡力（2015）

玻尿酸

瑞典Q-Med公司：瑞蓝2号
韩国LG：伊婉　韩国Humedix：艾莉薇
Allergan：乔雅登
华熙生物：润百颜
上海其胜：海薇

玻尿酸

和康生物：肤美登
双美：双美1号

材料

硅凝胶

法国ES：唯美
美国Allergan：娜绮丽
广州万和：罗兰
上海威宁：浪漫情怀、丰韵佳人
上海东月：硅凝胶乳房植入体
上海威宁：康宁

仪器

皮秒激光仪器

超皮秒：赛诺龙-凯黛乐
蜂巢皮秒：赛诺秀

紧致提升仪器

热玛吉：索尔塔公司
热拉提：飞顿公司
深蓝射频：飞顿公司

溶脂塑身仪器

热立塑：索尔塔公司
优立塑：赛诺龙
冷冻溶脂：酷塑

图2－2　医美上游机构情况

肉毒毒素主要是国产的兰州衡力与进口的美国艾尔建公司的保妥适（botox），玻尿酸在生产方面，目前技术门槛越来越低，越来越多的公司在加入。

2008 年，高德美旗下的瑞蓝玻尿酸获得 CFDA 批准，成为中国第一款合规的进口玻尿酸。目前，90% 的皮肤填充剂是由玻尿酸制成。2016 年，全国正规医院总计卖出了 1000 万支玻尿酸。

玻尿酸每支从三四百元到万元不等，涵盖不同价位，比如高端的乔雅登，以及低端的海薇。2016 年，全球玻尿酸的市场达到 17 亿美元，成为一个可观的细分市场。

玻尿酸国产与进口比拼的焦点主要在胶粘剂含量方面，这也是真正对消费者有影响的部分。目前，依然是韩国品牌如“伊婉”暂且领先。

2017 年 8 月，医美企业四环医药（Suncro）公司宣布来自奥地利的“公主”玻尿酸 Princess ©自 2017 年第三季度起全面进入中国市场。此外，目前中国市场合规的玻尿酸主要如下，可预测未来的注册数会越来越多，对比欧洲，已经有超过 100 个品牌：

进口玻尿酸 4 款：瑞典瑞蓝 2 号、美国乔雅登、韩国伊婉、韩国艾莉薇；

国产玻尿酸 12 款：润百颜、海薇、舒颜、德蔓、逸美、宝尼达、爱芙莱、姣兰、欣菲聆、法思丽、芙媄登、玻菲。

2017 年 7 月，爱美客正式发布招股书，拟登创业板。2014 – 2016 年，爱美客营业收入分别是 7512.41 万元、1.12 亿元、1.41 亿元，合作医院近 800 家。旗下产品宝尼达、逸美，以及爱芙莱三款玻尿酸的毛利率分别达到 98.23%、87.8% 和 85.96%。

低成本价和高终端价格，也从侧面反映了现阶段玻尿酸产业的高利润。不过随着中国市场品牌多样化，产品价格和企业利润率势必会下降。

上游市场的整合并购是趋势，全球医美器械供应商前四位，分别是赛诺秀公司（Cynosure），Inc（编者注：特指股东很少的有限责任公司)、Zeltiq Aesthetic（编者注：一家美国采购商)、赛诺龙公司（Syneron Medical Ltd）和科医人医疗激光公司（Lumenis Ltd)，近几年都进行了大的合并与整合。

2017 年 9 月，复星医药旗下医美器械商（Sisram Med)，成功于香港联合交易所主板上市，其最主要的资产为旗下子公司飞顿（Alma Lasers)。

产品主要为四大系列：

（1）用于脱毛的 Soprano 系列。

（2）用于多达 65 种 FDA 许可适应症的多功能多应用平台的 Harmony 系列。

（3）用于身体塑形及紧肤医美产品线 Accent 系列。

（4）用于女性私密美容使用的微创医美系列 FemiLift。

据港股那点事报道，能量源医美器械市场在 2014 年和 2016 年均为医美器械最大的分部，2016 年的收益达到 27 亿美元，预计到了 2021 年仍为快速发展的分部，而复星医药分拆子公司（Sisram）恰好也在做这一块。

按 2016 年销售收益来计算，Sisram 排在全球医美器械供应商的第五位，是中国市场上能量源医疗美容器械的最大供应商。

可以推测，在中国医美市场这块热土，器械耗材作为重要且决定性的一环，在资本驱动下，以及技术专利和消费者对于国外品牌的信任等多种因素影响下，国内企业收购国外优势品牌，也会是医美产业特定阶段的一种常态。

随着城市化率和城镇居民收入的不断增长，持续释放医疗与美容的消费需求，促进了医疗与美容市场的不断增长。激光医疗与美容设备作为医疗与美容产业链上游产品，将持续受益整体产业的增长，市场空间巨大。

从 20 世纪 90 年代到现在，激光及其衍生的光电类能量治疗设备得以迅速发展，特别是在皮肤科、整形科、泌尿科及眼科等临床科室得以广泛应用。

近两年来，光电美容仪器在生活美容领域逐步普及，而且微创和无创治疗已是国内医疗美容的发展趋势，在过去几年内，肉毒素、激光或IPL嫩肤、RF紧肤、填充等非手术的治疗量在国内急速增长，目前已经超过手术的治疗量。

另外，激光抗衰老、紧肤、提升、祛皱，各种无创、微创光疗美容等也被普通消费者接受，客户年龄广谱化日益明显，医疗美容激光这一类非介入式疗法或微创疗法将迎来非常可观的发展前景。

（二） 并购整合， 寡头出现

根据Medical Insight报告，2016年全球无创及微创医美器械的市场规模达到84亿美元，预期于2021年达到139亿美元，年化复合增长率为10.5%。

同时，预计全球能量源医美器械直销收益将由2016年的27亿美元增长到2021年的44亿美元，年化复合增长率为10.4%。

能量源医美器械市场在2014年和2016年均为医美器械最大的分部，预计到了2021年仍为快速发展的分部，未来几年的行业发展速度不容小觑。

该行业正处在不断并购整合期，将会促使行业竞争进一步加剧，目前已经形成了以私募股权投资公司（Apax Partners）、意大利激光科技公司（El. En）、复星医药，以及豪洛捷（Hologic）为首的寡头格局。

2017年3月，全球市场份额最大的Cynosure被Hologic以16.5亿美元收购；

2017年4月，市场占有率第二的Zeltiq Aesthetic被Allergan以24.8亿美元收购；

2017年7月，市场占有率第三的Syneron被Apax Partners提出建议基金收购；

2015 年 10 月，市场占有率第四的 Lumenis 被 XIO Group 以 5.1 亿美元收购。

Sisram 排在全球医美器械供应商的第 5 位。复星医药 2013 年在以色列成立了 Sisram 子公司，主要就是为收购以色列医美器械 Alma 做准备，同年 5 月，复星医药透过 Sisram 成功收购了 Alma。2017 年 9 月 19 日，Sisram 在中国香港联交所主板上市。

我国的激光医疗及美容设备厂商不下百家，市场呈现出整体分散、逐步趋于集中的竞争格局。从市场占有率来看，主要还是以外资巨头和本土少数优势企业为主，美国、以色列、德国等发达国家的激光医疗及美容设备行业起步较早，形成了较为成熟的产业链条，产品大量出口至世界各国。

目前，活跃在国内的主流激光医疗设备厂商有以色列飞顿（Alma）、中国奇致激光、美国科医人（Lumenis）和美国赛诺秀（Cynosure）、欧洲之星（Fotona）、赛诺龙（Syneron）、中国半岛医疗、中国深圳 GSD 等，这些产品占据我国激光医疗及美容设备行业的绝大部分（90% +）中高端市场，包括公立医院及大型连锁整容医院。

本土优势企业已具备不同层级的产品自主研发能力，产品品质与进口产品的差距正逐渐缩小，市场份额逐步提高，并对进口产品形成加速替代。

当然，市场上还充斥着大量中小型激光医疗设备厂商和大量的生活美容仪器制造商，主要以中小型民营美容院、私人诊所和数量庞大的专业生活美容院为主要的目标客户。

这类企业由于普遍起步较晚，技术积累较少，受制于医疗器械行业本身的高门槛，其产品很难进入被外资和本土优势企业包围的医院中高端市场，主要集中于中低端医疗市场和生活美容市场，所获取的利润率水平也相对较低。

（三）鱼龙混杂，比拼服务和营销方案

在我国，黑诊所依然大量充斥于市场。2017 年 5 月，国家七部委发文，开展为期 1 年的严厉打击非法医美专项行动，严厉打击无证行医，规范医疗美容服务行为，以及非法制售药品医疗器械，同时严肃整治违规医疗美容培训，严肃查处违法广告和互联网信息。

激光医疗设备品牌在市场上越来越多，但整形手术或者光电的治疗，不仅需要好的器械，还需要医生的技术、诊所的服务等，因此医美本身技术含量和成本也不低。

对于器械来说，如果是原厂，知识培训、操作培训等相关知识量会比较充裕频繁；如果是代理，在这些方面不太跟得上，在设备更新迭代上的及时度也稍微有些欠缺，但代理对店家的成本较低，压力较少。

目前光电器械市场上主要存在的现状和问题。

1. 品牌竞争激烈

上游厂商的竞争非常激烈了，甚至出现各种仿造厂商、山寨厂商，对上游企业有些冲击。不过令人欣慰的是，该行业的技术壁垒非常高，随着患者教育普及程度加深，消费者和企业正品识别能力越来越强。

产品类型上，除了比较成熟的皮肤类，在疗效和安全性方面也都达到了不错的效果，针对减肥、塑形方面的新技术也逐渐成为热门，并将持续改进其治疗的安全性。

另外，主流激光医疗设备厂商除了不断更新升级设备外，还会结合互联网和云技术，推出配套产品，主要针对市场上占主体的小型医美机构，让它们能够有更好的选择。因此，除了集团客户、三甲医院外，一些厂商还会开拓自主创业开办诊所的医生个体客户。

医疗器械生产企业普遍面临生产资质定期更新、注册的风险。日趋严格的行业监管增加了新产品注册难度和不确定性，国家医疗器械监督

管理部门对产品技术的鉴定时间和审批周期可能较长，厂商需要耐住性子打磨产品和技术，贸然将不成熟的技术推向市场，对于品牌可能是毁灭性打击。

2. 比拼售后服务

器械的渠道上，大多数还是走代理的模式，少数是直营。大的分销企业会不断地通过并购扩大规模，达到某个区域市场25% ~40% 的市场份额，这是所有分销企业在全球崛起的必经之路。

客户不只是购买器械设备，售后服务才真正体现竞争力。大的器械厂商均配置原厂考核发证医疗级临床人员，搭建标准化服务流程，了解评估诊所实际运营情况，量身定制个性化营销推广方案，提供医美转型服务。

引进设备之后，通过巡演和巡讲形式的培训，告知客户如何使用好它、如何维护好它，以及如何将技术更好地用到求美者身上，给消费者带来更好的治疗效果，这方面的要求其实越来越高，头部器械厂商的技术差别并没有特别大。

尤其对于目前医美线下机构占主体的中小型诊所来说，经营者非常看重售后服务，所以在选择上会以售后为首要标准。其次，售后服务是否及时、解决问题是否全面等方面因素，都是衡量售后服务的标准。因此，除了设备本身的功能外，别的层次的重视与服务程度才是决定市场竞争力的有利条件。

延伸阅读

2019 年 1 月 22 日，2019 美团医美行业峰会在上海举行，这是美团医美从细分品类升级为独立业务部后的首次亮相。会上，美团医美携手瑞蓝、华熙生物、艾尔建等共同成立医美行业“正品联盟”，发布“医美甄选”安全消费新模式，为构建值得消费者信赖的医美环境和行业生态助力。

2019年美团医美将进一步探索医美行业上中下游之间新的链接方式，通过链接方式的改变带来闭环价值和更大的增量市场。同时将致力于打造完整的医美生态，向市场开放代运营和代理模式，以用户为中心，构建服务共同体。

链接上游成立“正品联盟”，助力构建医美新生态

数据显示，到2020年，中国医美市场规模将达到4600亿元。但医美市场“鱼龙混杂”，假药水货、无证医生、无证诊所等行业乱象仍然存在，不仅阻碍行业规范化发展，更增加了消费者决策难度。

机遇与挑战并行。在需求侧，医美的消费群体更加多元化和广泛。医美消费者年轻化趋势明显，在美团和大众点评两个App，年龄在35岁以下的医美消费者占80%以上。伴随消费升级，消费者需要更有效、更安全的医美产品和服务，以满足“变美”需求，于是升级供给侧服务，建立一个安全、规范的医美市场刻不容缓。

会上，美团医美公布升级供给侧服务的战略新举措。在供应链上游，美团联动上游医美药品品牌商和经销机构共同发起成立了“正品联盟”，在网站上直接展示药品资质授权信息，在医美机构开通药品扫码验证功能，打击假冒伪劣产品，助力行业规范化发展。

同时，开放第三方运营服务能力，帮助没有能力建设自有网络运营和营销团队的医生诊所类中小商户提升互联网推广能力，降低营销获客成本，提高运营效率。

线上“医美甄选”服务，打造医美安全消费新模式

在整合产业链上下游的基础上，美团医美还将通过创新供给推出“医美甄选”服务，为消费者设计更安全、有效的医美消费新模式。这里的新模式是指用户在产生医美需求后，线上提前了解上游品牌机构提供的专业医美服务方案，明确方案后选择官方授权的服务商户，线上咨

询并下单购买服务，体验前对所使用药品扫码验证，线下体验服务并进行线上点评的一整套流程。通过上游、中游、下游不同链条的信息透明化，进一步确保医美消费的安全性。

医美消费新模式初期计划从需求增速最快的“轻医美”类目——玻尿酸、肉毒素、水光针等产品入手进行试点。首批进行战略合作的上游机构包括瑞蓝、华熙生物、艾尔建、伊婉和菲洛嘉等大型医美知名品牌。

例如，某消费者的诉求是面部“抗衰老”，需求明确但大多数消费者对于具体采用什么样的医美产品或者解决方案并不了解。在新路径帮助下，消费者从先“找商户”转变为先“找方案”，提前了解具体医美方案后再找对应的服务商户。如瑞蓝提供的“桃心美学”抗衰方案，是通过在面部设计不同大小的桃心区域，然后在眼袋、下巴、额头等部位“定位”注射“定量”的玻尿酸，达到面部整体抗衰老的效果。

“在‘新供给’下，我们的供销模式从原来面向商户提供医美服务方案的‘品牌－机构－用户’模式拓展至以用户为中心的‘品牌－用户－机构’模式，这样一来既有助于提升品牌认知，做大增量市场，又可以减少假冒商品给消费者带来的损失及伤害。同时，借助美团的大数据和创新科技，全面了解用户画像和消费反馈，为未来药品研发和精准营销奠定基础。”瑞蓝市场总监丁研赟表示。

据了解，从 2019 年 3 月起，用户在美团 App 和大众点评 App 寻找医美服务时即可体验“医美甄选”服务，通过新的消费方式更安全、有效地放心“变美”。

三、中下游：连锁化是未来趋势

医美产业链上游到中游的经销商、代理商力量分散，在产业链中价值最低。此外，医美和医疗销售渠道不同，前者的销售对象是公立医院的整形科和民营的整形医院、诊所、美容院，后者的销售对象以公立医院为主，所以一般医疗器械的经销商代理商在销售方面并不占优势。

中游到下游的各类服务机构可简单分为公立和民营两大阵营，如图2-3所示。公立医院整形科的医生更偏好断肢、断指重接等技术难度较大的手术，意在更深的学术造诣。但是，医美的消费属性远大于医疗属性，故民营医美机构必将是医美行业的主体。目前，民营医美机构势力较为分散，尚未出现有全国影响力的连锁机构，但考虑到行业内高昂的营销成本，为降低获客成本、提升机构规范程度、消除求美者的安全顾虑，连锁化是未来趋势。

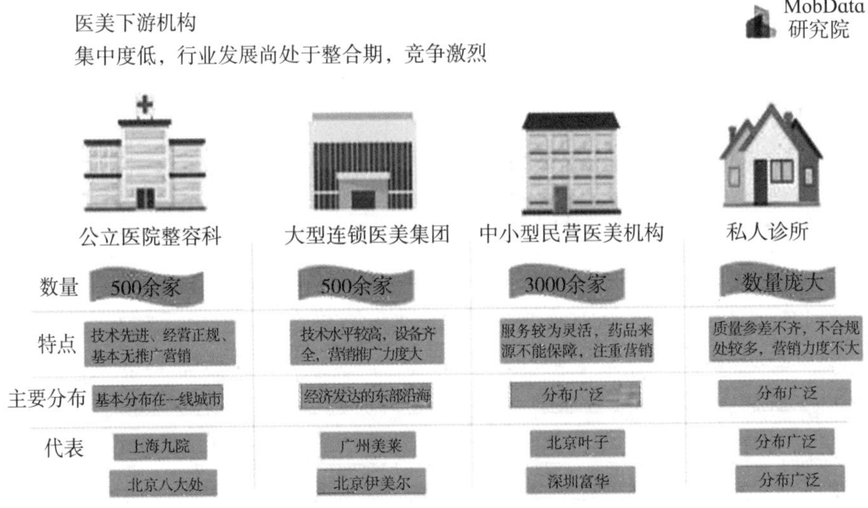

图2-3　医美下游机构情况

医美产业链下游的导客平台包括搜索引擎、医美O2O平台等，其存在的大背景是国内医美机构极度依赖营销。医美O2O平台的兴起则是由于搜索引擎不能解决信息不对称和虚假宣传的难题。

医美在中国市场正在从一二线城市往三四线城市下沉，生活美容和黑诊所的客户慢慢转向医美，这种趋势也一定程度上表明用户更加追求医美带来的美丽效果。

如何渗透到更多区域，考验厂商的实力。有一些器械厂商加大力度布局了下游的业务，完善从研发、制造到国内外营销的整体产业链体系，或者直接投资医院，尤其是妇产医院，厂商本身具有产后修复或者私处整形的器械，可实现无缝的衔接和分流。

重点企业情况：

1. 飞顿（Alma）

Alma 是全球领先的能量源医疗美容器械供应商，具有自主设计、开发及生产能力，并且采用其自有的创新及专有技术。

该公司的旗舰产品包括：Soprano 系列，主要用于脱毛；Harmony 系列，可用于多达 65 种 FDA 许可适应症的多功能多应用平台；Accent 系列，主要用于身体塑形及紧肤，全部均属医疗美容产品线；FemiLift，一种治疗多种女性问题的微创医疗美容器械（如私密美容治疗）。此外，本公司提供如 Rejuve 及 SPADEEP 的生活美容产品线。

2013 年 5 月，复星医药透过 Sisram 成功收购了 Alma。2017 年 9 月 19 日，Sisram 在香港联交所主板上市。

按 2016 年收益计，Alma 已是中国内地（不包括中国香港、中国澳门及中国台湾）市场上能量源医疗美容器械的最大供应商。2017 年，中国市场收益占据整体收益的 20.6%。

Sisram 通过直销和分销的方式销售。在美国、加拿大、德国、奥地利及印度，主要向医疗美容机构直销，而在全球其他地区，本公司主要向分销商销售，而分销商采购本公司的医疗美容器械，然后销售给作为其客户的医疗美容机构。

2017 年，公司总收益较 2016 年增加 15.9% 至 1.369 亿美元。除税前溢利及母公司拥有人应占溢利分别为 1580 万美元及 1100 万美元，分别较 2016 年增加 33.4% 及 37.2%。公司绝大部分的收益来自医疗美容产品线，包括旗舰无创医疗美容器械（例如 Soprano、Harmony 及 Accent 系列），以及 Aesthetic Precision 系列及部分其他医疗美容器械，收益为 1.01 亿美元，占据总收益的 73.9%。

Sisram通过以B2C为重点的品牌重塑流程，拟将Alma打造为消费品牌，目标是推动自下而上的需求及扩大商机。另外，Sisram亦预期会进一步实施及扩大其物联网技术。

2. 奇致激光

奇致激光位于武汉，是集研发、生产、代理和销售于一体的光电医疗美容方案提供商，先后承担了十多项国家和地方重点光电医疗项目。主要产品包括面向美容和泌尿外科等的激光医疗及美容类设备。

截至2017年上半年，公司获得24项医疗器械产品注册证，数量领先同行业，取得44项专利（其中美国专利1项），获得ISO9001及ISO13485质量体系认证、部分产品还通过了欧盟CE认证。截至2017年上半年，公司实现营业收入8703.06万元，净利润2116.97万元。

目前，公司拥有独立、完整的研发、生产、采购、销售体系和成熟的商业模式，采用“基于订单加安全库存、按需采购”的采购模式。生产主要采用订单生产方式，也根据市场预测情况，进行部分产品的生产备货，满足基本库存的要求。

奇致激光的销售采取直销和经销商模式，部分出口产品通过经销商销售，客户主要包括各级公立医院、民营医疗机构、医疗器械经销企业及美容机构。

3. 科医人（Lumenis）

科医人最早成立于1966年的美国硅谷，强光制造商ESC医疗公司则成立于1991年。

2001年，科医人与ESC医疗公司合并成立了一家光与医疗激光公司，新公司更名为Lumenis，其生产基地在美国和以色列。

科医人1992年进入中国，产品涉及美容、眼科和泌尿外科等医疗领域，科医人一直非常重视临床与学术研究，以及为客户提供专业的培训等增值服务。其中科医人的LightSheer Duet月光真空无痛快速脱毛设备、M22 王者之心 OPT 光子嫩肤设备和 UltraPulseTM EncoreTM 超脉冲 CO_2 点阵换肤设备，这三大产品尤其受到中国市场欢迎。

2015 年 10 月，XIO 集团完成 5.1 亿元对 Lumenis 的收购。XIO 集团是一家数十亿美元的全球投资机构。总部位于伦敦，并在欧洲、北美和亚洲等地均有办公室。其专注于全球的并购投资机会，后续也将积极拓展其所投附属公司在中国的增长潜力。继获得 XIO 集团资金支持后，Lumenis 在 2015 年 11 月并购 Pollogen，扩展医美器械版图。

在市场策略上，未来科医人将加强激光治疗系统、激光美容技术（生发、治疗狐臭、塑形减肥等）、生活美容产品，以及便携式家用激光美容设备的发展。

4. 半岛医疗

半岛医疗集团成立于 2008 年，是集国际贸易、产品研发和营销服务为一体的医疗美容器械国家级高新技术企业，为近 1000 家皮肤科或整形美容科提供产品及服务，拥有国内发明专利 10 项、国际发明专利 4 项、实用新型专利 30 项、外观专利 13 项、软件著作权 12 项、商标注册 39 项、医疗器械注册证 11 项。

2013 年，集团开始与空军总医院赵广团队开展产学研合作，同时还与上海九院、西京医院、安贞医院、江苏省中医院等多个临床团队合作。目前企业正处于艰苦的研发投入期，拥有 LiTi 黄金微雕、龙卷风系列热门产品。

5. 赛诺秀（Cynosure）

Cynosure 成立于 1991 年，总部位于美国麻省波士顿，2005 年，在纳斯达克上市，目前通过全资子公司及分销商向全世界 60 多个国家提供产品服务和技术支持。

其于 2011 年、2013 年全资收购 ConBio 和 Palomar 两家激光公司，2017 年 3 月，全球领先的医疗和诊断公司 Hologic 公司宣布以每股 66 美元的价格，已经完成了对赛诺秀公司的收购。

巨额的开发投入，领先的理论研究，三十余项美国专利技术及完善的售后服务确保了赛诺秀产品在市场上的高占有率和竞争力。

2012 年，Cynosure 推出了世界上第一台皮秒激光，拥有 755nm 波长的皮秒及激光设备——PicoSure 755nm 蜂巢皮秒激光，拥有前所未有的光震波（PressureWave™）治疗方式，从此，全球医美界进入皮秒治疗新纪元。

6. 欧洲之星（Fotona）

Fotona 成立于 1964 年，总部位于德国的德津根市（Deggingen），营销中心设在美国，生产基地分布在斯洛文尼亚、丹麦和德国等欧盟国家。2017 年 4 月，汉德资本收购 Fotona 欧洲之星激光公司。

Fotona 的医疗激光主要包括七大王牌产品：FotonaQX Max 祛斑王、“飞梭”点阵铒激光、蕊丽无创私密激光、FOTONA 4D 极塑提拉系统、双点阵超级平台、Tightlase 无创减脂激光、红色先锋血管治疗激光。以上各系列产品均获得了美国 FDA、欧洲 CE 和中国 SFDA 的全面认证。

截至 2015 年，Fotona 已有近十万台激光设备在全球各国运转。2004 年，Fotona 欧洲之星激光公司正式登陆中国市场，在上海建立了中国区总部，在成都、北京和广州建立了办事处，并先后在广州军区总医院激光中心、上海交通大学附属第九人民医院、西京医院整形激光中心、佛山市第一人民医院整形美容中心和北京海军总医院美容激光中心等著名医疗机构建立了“Fotona 欧洲之星临床培训展示中心”，为客户提供尖端的激光技术和快捷的售后服务。

7. 赛诺龙（Syneron）

Syneron 成立于 2000 年，2004 年在纳斯达克上市，在以色列和美国拥有研发和制造业务，公司产品通过 Syneron、Candela 和 CoolTouch 三个品牌进行销售，致力于解决塑身、脱毛、除皱、改善皮肤等问题，其比较知名的专利技术有 elos 技术（光电协同技术）。

比较火热的设备超皮秒激光 PicoWay 是一款拥有领先脉冲技术的双波长设备，它的脉宽比市面上同类型的皮秒激光设备段短 40%，比传统激光的脉冲短 170%。该设备已经通过中国 CDFA 认证，适用于所有类型的肌肤。

目前，Syneron 已被 Apax Partners 收购。Apax Partners 在医疗服务领域拥有丰富经验，成功投资英国最大的私有医院集团 GHG、泛欧洲医院集团 Capio、印度最大的私有医院集团 ApolloHospitals 等。

2016 年，赛诺龙与华熙生物达成战略合作，根据合作约定，华熙生物将获得 Syneron 全新的 Adeline 产品在中国的独家运营权，其中包括市场推广、管道销售、售后服务。该产品是由 Syneron – Candela 专利 elōs™技术衍生而来，提供身体和面部的皮肤紧致，平滑和嫩肤、脱毛、祛痣、祛斑等多种应用。

延伸阅读

2018 年 11 月 13 日，轻医美品牌荟百颜医疗美容（隶属于南京荟百颜医疗美容门诊部有限公司，以下简称“荟百颜”）已完成近 2000 万元首轮融资，领投方为和灵资本。

资料显示，荟百颜开业于 2018 年 5 月，旗舰店位于江苏省南京市主城区繁华的河西 CBD 中央商务区，毗邻南京奥体中心，营业面积约 3000 平方米，内设整形中心、微整中心、皮肤管理中心等。公司计划未来 3 年内在长三角地区建设不少于 20 家连锁医疗美容机构。

“A＋B”类门店，区域连锁布局

医美产业规模以千亿级计，是市场化成熟度最高的消费医疗细分领域之一。一方面，消费者在经历多年的市场教育之后，对于医美的接受度增加、黏性增强，同时认知更理性；另一方面，随着资本方的介入，大量机构连锁扩张的步伐依然在进行中，但是精细化运营势在必行。

荟百颜品牌创始人贾森表示，经历半年时间的运营，目前荟百颜已经基本达到盈亏平衡。对于中国医美市场的变化和挑战，他认为："最大的机遇就是经过野蛮生长之后，消费者逐渐回归理性，机构获客的方式不再是广告轰炸就可以解决的，这时候口碑建设尤其重要，品牌应当目光长远、方向清晰，回归医疗本源就是最大机会，也将获得更大的市场份额。"

在第一家医院落成并开业之后，为了能进一步创新和验证商业模式，而不是单纯地打造一家可以盈利的医院，荟百颜逐步形成了"A + B"类门店同行并进的模式，"A 类店可以理解为中央手术室，B 类店可以理解为以皮肤管理、微整为主的纳客机构，然后快速形成同城连锁，在一个区域内密集布局，形成品牌溢价"。

为了支撑连锁发展，本轮次融资后，荟百颜医疗美容将加快 B 类店开设的进度，并在管理系统开发、服务体系建立方面加大投入。"管理系统支撑未来连锁扩张，服务体系则是以顾客为中心，完全站在顾客的角度，优化每一个服务细节，包括从治疗前迎接、等待，治疗中顾客的感受，力求做到服务的标准化和规范化切实落地。"贾森表示。

投资基于对创始人和团队的认可

据公开资料显示，在创立荟百颜美容之前，贾森曾先后任职于雨润集团及苏宁环球集团，值得关注的是其 25 岁即已担任雨润集团董事会考核委员会主任，后又担任苏宁环球集团副总裁、苏宁环球资本执行总裁等职务，拥有多年管理和资本运作经验，据相关媒体资料报道，贾森作为上市企业的少壮派代表，创造了不少突出业绩。

对于为何辞职创业，贾森告诉动脉网："虽然我这个年纪属于相对年轻的上市企业高管，但我还是厌倦了循规蹈矩的生活，人生需要换一个活法，于是我选择辞职，也拒绝了很多新的邀请，尝试创业，其中一个方向就是医美，医美市场的广阔前景对我很有吸引力，反正创业就要有创业的魄力，这条路就一直走到底吧。”

本次领投方和灵资本成立于2010年9月，是主要从事股权投资（PE/VC）、并购重组及财务顾问业务的资产管理公司。截至目前，和灵资本共管理十二期人民币股权投资基金，管理资金总规模超过100亿元人民币。

截至目前，和灵资本累计实现对外股权投资逾100亿元，所投资企业涵盖大农业、新能源、生物医药、化工、节能环保、TMT等多个领域，其中20余家所投企业已经在国内主板及美国上市。

和灵资本方表示，由于荟百颜是个非常早期的项目，投资荟百颜更多是因为对创始人贾森和团队的认可，以及对其商业逻辑的肯定。

“医生+管理团队”协同，跑通第一阶段商业模式

在众多医美机构中，荟百颜如何打造差异化？贾森认为，“荟百颜的理念是想打造一家让求美者感觉便利、舒适，并且值得信赖的医疗美容机构，虽然目前医美市场竞争激烈，但是市场上在确保质量的前提下，又致力于解决顾客便利性、体验感的机构寥寥无几，而我们恰恰在医疗及服务两方面都具有优势。”

资料显示，荟百颜医美南京奥体旗舰店，汇聚了一个30余名医师的团队，团队医师参与过众多医美专利技术的研发，主编过多部医美学术专著，拥有丰富的临床经验、众多个性化美丽定制案例。

给客户更好的医生资源、服务体验、安全保障、产品质量，是荟百颜的核心理念，目前公司已与日本生命科学院、韩国BK、高兰德、原辰、巴诺巴奇、必妩等国际一些健康、整形机构形成深度合作关系，从医生、设备、技术、产品全方位取长补短，形成了荟百颜的独有竞争力。

除了医生，管理团队也是一家医美机构最核心的资源之一。荟百颜团队高层来自世界500强企业的中高层，“在医美红海竞争的时代，团

队有足够的应变和资源整合能力，更重要的是没有路径依赖思维。荟百颜不太愿意去大肆投放广告，服务上未来也将成为我们的撒手锏，高端顾客对服务的需求是比较挑剔的，并且服务也是很难复制的一项软实力，而我们恰好专业。”

记者了解到，目前第一家旗舰店主要目标客群是相对高端的客户群体，比如明星。“等待中央手术室开设起来之后，我们将会覆盖更多消费层次的顾客，通过消费者口碑传播的方式，形成品牌溢价。”

至于未来的发展，贾森表示：“我希望一年之内，在南京市场跑通‘A+B’模式的1.0版本，然后快速在全国进行复制扩张，医美产业市场广阔，荟百颜严格把控医疗质量，提高服务质量，两方面并行，暂时还很少看到理念和模式完全相同的机构。”

第三章

运营篇：医美行业的经营之道

一、“互联网 +”时代下的医美营销

当前中国医美市场虽呈现百家争鸣的局面，但乱象重重。医美从业者与消费者有着共同的心声——回归理性，安全变美。信息不对称与不透明是制约我国医美行业发展的一大壁垒，由于公立医美整形外科医院缺乏正规的市场宣传与运营手段，消费者虽然知道“应该去三甲医院看病”，但在医美领域，偏偏无权威依据以供参考，只能以导向性的营销广告作为选择标准。因为难辨医美机构的资质，给了无牌机构可乘之机，从而导致整形风险剧增。

因此，医美运营管理与品牌营销成为优质医美机构在激烈的竞争中实现突围的两大利器，如图 3－1 所示。

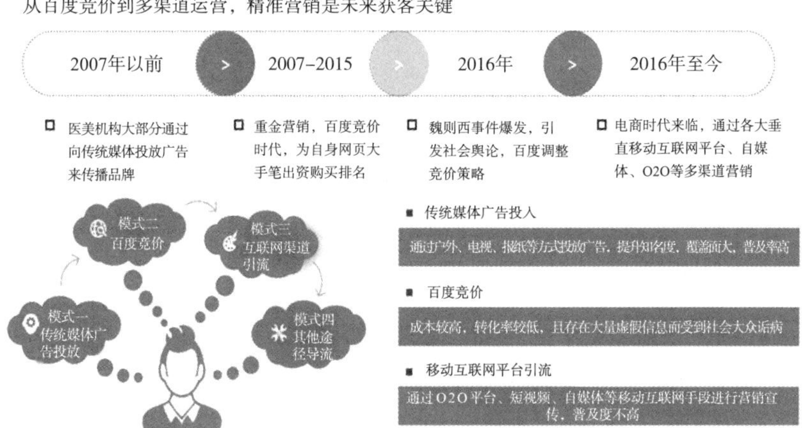

图 3－1　医美行业营销模式（图由广州掌淘网络科技有限公司提供）

动脉网根据 2017 年 6 月，新氧创始人兼 CEO 金星在“运营与新媒体”专场，做的《医美线上营销如何做到 1∶10 的 ROI》主题分享，围绕以下四个部分分析了新氧的营销方法：

（1）医美机构如何投放广告，投放头部医美 App?

（2）医美机构如何花最少的钱，找到精准用户？通过早投放享受平台红利期、多利用自媒体。

（3）医美机构如何提高效率？利用医美平台的大数据预知客户需求等。

（4）医美机构花钱如何保证效果？做品类的佼佼者、看数据选择细分市场、建立高效的运营体系。

作为市场化成熟度非常高的消费医疗，医美最受关注的一个指标就是 ROI（投入产出比）。一般情况下，医美机构达到 1∶4 的 ROI，已经是非常不错的情况。但是在头部医美平台上，入驻的优质机构 ROI 最高可以达到 1∶10，普通的医美机构达到 1∶4 或者 1∶5，也不是什么难事。

每家机构的差异都比较大，医美机构如何利用新媒体手段，实现系统化的运营？

（一）医美 App 头部内容入口价值明显

追溯历史规律，移动互联网经过几年的迅速发展，各个领域刚开始都会涌现一大堆功能相似的 App。几年之后，大家会发现绝大部分 App 都被淘汰了，最后就剩下几家。这恰恰是互联网特别残酷的地方，马太效应非常明显。

医美机构获得流量的成本越来越高，因而入口级平台的价值会越来越大，尤其是以头部内容为核心的入口。毕竟入口代表的就是流量。

钱往哪儿花，取决于流量在哪儿，流量决定顾客在哪儿。

目前，整个互联网流量非常明显地在从 PC 端往手机端转移。对应的情况就是，广告投放也倾向于手机端。根据“互联网女皇”凯鹏华盈风投合伙人玛丽·米克尔发布的《2017 年互联网报告》，2016 年美国互联网广告规模达到 730 亿美元，手机广告占比超过一半，首次超越

PC 广告。这时候，再把大量的钱投放在 PC 端竞价上，显然不是最明智的选择。

另一个趋势就是，各种垂直的 App 和社区在抢夺流量。入口级的平台，圈定的用户更加精准。以新氧为例，手机 App 的访问数，每天精准用户有 60 万。如果再加上其他的医美 App，可以说所有医美 App 上每天的总访问人数并不比 PC 端的人数差多少。

对于医美 App 来说，有两个指标非常重要。一是“启动次数”，就是 App 在一个月里有多少次启动。易观的数据显示，新氧 4 月份的数字是 750.86 万次。二是“使用时长”，表示一个月里 App 所有用户的使用时间。易观的数据显示，新氧 4 月份的数据为 136 万小时。这是非常惹眼的数据，表示新氧的总用户基数非常可观。

流量往哪儿走，医美机构就应在哪儿投放。

（二）如何花最少的钱找到精准用户?

优质媒体的广告价格，在过去的这些年里，其实一直没有降过。只要它有效果，投过的人就会继续投。在医美行业初期，为了吸引用户使用，免费的商业模式可能短暂存在过，但是这不符合商业规律。等到用户积累到一定数量之后，肯定会慢慢收费。不过对于投放方来说，越早投放，享受到平台的红利期就越长。

广告行业投放的媒体可以分为三类。

第一类是“Owned media”。品牌自己控制的渠道，包括品牌官方网站、官方微信公众号平台、官方微博等自媒体。

第二类是“Paid media”。品牌付费媒体，电视、付费搜索等都属于此类。

第三类是“Earned media”。伴随着社交媒体出现，字面上理解就是“免费赚来的媒体”，把消费者变成渠道。

在社交媒体时代，其实 Earned media 是最重要的，因为用户主动传播、自发传播，可以形成口碑。“互联网女皇”发布的《2017 年互联网报告》显示，同样的广告内容，如果是用户产生的，它的效果比品牌自己产生的内容，效果要高出 6.9 倍。

所以，媒体都非常重视产生这样的内容，包括请名人、有影响力的人，如果他们去评价一项服务的效果，带来的转化率是非常高的。

App 上的用户日记就是 Earned media。目前，新氧上整形达人的一篇日记累计浏览量可达到 430 万次，并有 3 万多条的评论量。日记记录整形者手术情况，包含手术前后的图文对比照片。阅读者想了解具体的医院、医生及项目信息，可以直接在页面上点击详情页查看。

达人日记，究竟可以带来多大的订单转换？

在新氧平台上，曾经有一家重庆的医美机构想在新氧 App 上增加一个鼻整形项目。2016 年 5 月开始立项，计划 7 月集中推广。两个月的储备案例期间，医院找了三个形象不错的姑娘，把真实的手术情况完整记录下来。结果，2016 年 7 月，价格 35800 元的鼻综合手术成交 34 单，且用户并不是全部来自重庆当地，而是分布在全国各地。

由此可见，线上日记运营得好，口碑效应能够吸引全国各地的用户。在互联网上的信息传播呈现明显的网状结构，其中有三个关键点：一是找到高效传播的人；二是信息有说服力；三是环境的影响，减少传播阻力。

医美 App 新氧平台上拥有大量的达人。这些达人本身已经拥有几十万的粉丝，他们的用户日记传播效率非常高，能够自发带来二次传播。

传播信息的说服力也非常重要。新氧的小编创造提炼出来很多流行词汇，如天鹅颈等，已经被很多医院、咨询师，包括媒体拿去使用，非常具有传播力和辨识度。

正是因为这些词语是高度提炼出来，经过长期的用户教育，这些词语已经占据了用户心智。结合新氧如此基数的精准用户，能产生一个高效爆发式传播，投入产出比自然不会差。

（三）怎样提高机构运行效率?

充分利用新氧后台的高级功能，是提高效率和转化率的有效手段。新氧后台功能非常多，但是绝大多数机构只用了很小一部分，不到20%。

目前，新氧后台拥有新氧直通车、交易管理、私信管理、商品管理、营销管理、案例管理、医生管理、资金管理等多个模块。医美机构的老板可以直观了解页面浏览、有效私信和电话、网上下单、网上支付和到店消费的实时数据。

新增的CRM（客户关系管理）模块，除了让机构管理者查看用户基础的信息之外，还能看到用户各种各样的消费数据，比如在医院的消费、在整个新氧平台的消费，以及最近的支付和咨询等，较为完整地勾画了不同地域的用户精准画像。另外，预约管理模块可以让患者在线跟医生预约排期。

新氧还开放了“浏览客户”的功能。之前App提供的功能，机构管理者只能看到哪些用户给平台发了私信。有一百个人浏览，可能只有10个人发私信，管理者只能看到这10个人的信息。在新氧的平台上，浏览客户这部分的数据逐渐开放出来，这就帮助医美机构主动反向营销，在线可以跟用户直接沟通、跟进计划。

最后，基于新氧后台的大数据挖掘，做标签化的提炼后，还可实现预知客户的需求。比如根据一个用户所有的浏览轨迹，精准区分出这个用户感兴趣的项目、感兴趣的医院、感兴趣的医生，以及感兴趣的产品等。这个数据是实时的，可以做到动态更新，让医美机构主动分析和判断客户的需求。具体来说，可帮助医美机构实现以下四个功能：

（1）个性化内容分发，千人千面的个性化信息推送。

（2）行业洞察，发现医美流行趋势。

（3）精准营销，资源精准投放，提高运营效率。

（4）金融风控，评估个人信用额度，服务金融分期人群。

（四）怎样保证投入效果？

互联网的马太效应非常明显。对于医美机构来说，要“宁做鸡头，不做凤尾”，也就是一定要做某个品类的领先者。实现方式很简单，可以通过人群、价格、品类、项目、区域，甚至设计、服务、包装及模式，多种元素组合，找到自己的独家优势，选定细分市场和差异化定位。比如在新氧平台上，有一家大连的医院专门做网红的韩式小翘鼻，生意非常好。

医美行业的定价问题，也是一个很值得探讨的问题。需求价格曲线遵循基本的商业现实：同一件商品，随着价格上升，需求会相应减少。优质的内容和引导购物能够让需求价格曲线变得稍微平一点，但是要注意，并不能从根本上改变曲线本身，其更多的作用在于营销可以触达更多的人，提高用户基数。

不同商品的需求价格曲线是非常不同的。第一点要做的是，分清产品品类。高频次的商品、容易获取标准化的商品，比如牙膏、肥皂和洗发水，需求受价格影响很大。该采用的策略是保持高竞争的市场定位，降低成本。

相对的，定制化的商品、低频的商品、竞争壁垒越高的商品，以及对标少的产品等，采用的策略是通过内容、营销、包装等方式，让用户为其复杂度买单。

具体到医美行业，有一些项目就是偏标准化的项目，比如“三针一毛”和美疗等微整形项目，服务获得门槛低、价格便宜，就会有很多人去。有一些项目靠个人手艺，是非标准化项目，比如埋线双眼皮、单纯隆鼻、自体脂肪填充等手术类项目，客户对价格不敏感。所以，不同产品选择的定价方式也不同。总之，大体的策略是低价项目做引流，高价项目做利润，如图 3 -2 所示。

不过，这个界限也处于动态变化中。比如自体脂肪填充，现在很多医院拿它去做导流项目，如果一些机构还是拿它作为一个高利润项目，

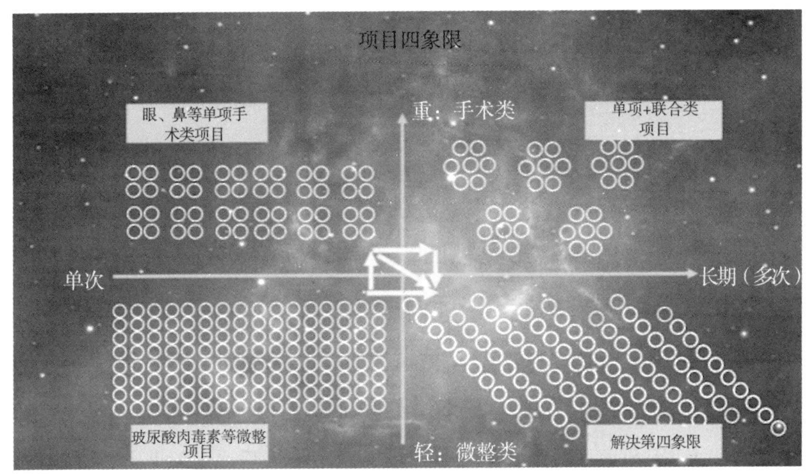

图 3－2　医美项目四象限（图由北京新氧科技有限公司提供）

就没有竞争力了，所以需要做好品类的组合设计。

有了定价，还要有好的运营体系。新氧平台，有这样一个漏斗模型，五个关键环节，四种转化，每一层的数据，只要看到有问题，系统会有一个智能提示，医疗机构管理者就知道问题出现在哪里，如图 3－3 所示。比如到店消费这一层转化率，跟其他机构相比是偏低的，系统会提示具体原因。

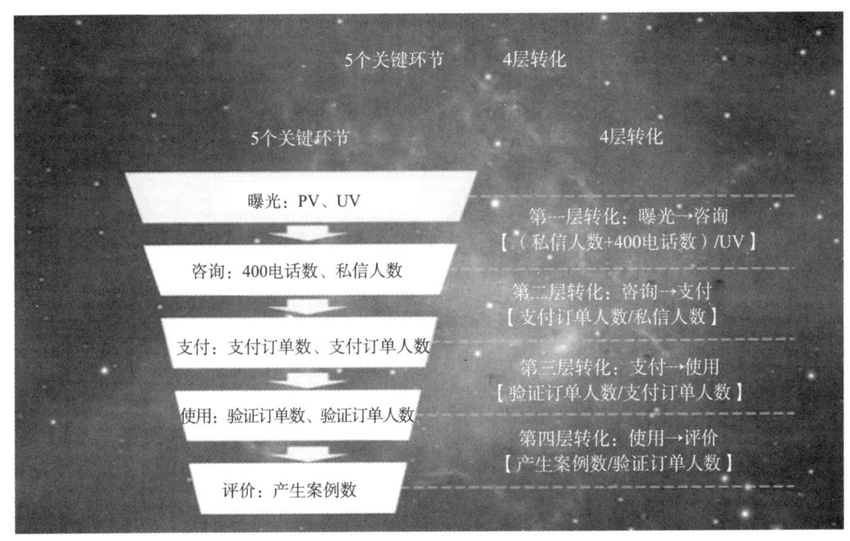

图 3－3　新氧的漏斗模型（图由北京新氧科技有限公司提供）

新氧如何赋能医美机构

新氧作为全球顶级的互联网医美平台，对于医美从业者来说并不仅仅是一个营销平台，更在四个方面具备优势：大幅减少医患纠纷，降低患者术后焦虑；优胜劣汰，建设行业良性竞争环境；降低行业门槛，促进市场繁荣；通过大数据科学分析提供行业支持。

2018年6月8日–10日，第一届成都国际医美产业大会暨“医美之都”高峰论坛，新氧CEO金星、COO刘道、供应链及营销业务副总裁刘蓉及消费者运营集团军副总裁王雅琴分别从发展战略、企业运营、资产管理及新媒体内容运营等角度发表演讲，分享了新氧五年来深耕产业上下游的经验，展现了新氧在流量之外为医美机构赋能的多重方式。

新氧创始人兼CEO金星：除了流量，我们还能如何为医美机构赋能？

金星分享的内容是“除了流量，我们还能如何为医美机构赋能”。金星从2013年开始，跟很多医美机构有很多的合作，在很多人眼中，新氧就是一个流量获取的渠道。

的确，新氧的PC端峰月访问量超过2200万，App月启动次数占据市场上领先份额，线下投放力度大，影院投放就70多个城市，再加上《北京女子图鉴》这类热播剧和综艺中也不乏他们的身影，新氧在流量方面的确为医美机构提供了支持。之前一个陌生网友给金星看三里屯一家医院的内部统计表，这家医院线上过来的顾客，新氧占比60%，百度差不多占29%，其他的第三方渠道等占比1%。

如今，越来越多的线上获客的渠道涌现，各种医美App、微博、微信公众号、朋友圈、抖音、今日头条，等等。但这些渠道都适合医美机构运营吗？效果究竟如何？新氧还是应该衡量每个机会的投入产出比。

金星认为机会是分成两种类型的：平台型机会和偶然型机会。平台型机会即只要投入就会有回报的机会，偶然型机会则未必。

拿抖音这个平台来说，因为它是强算法去分析的，并非以关注为核心，内容推荐存在很大的偶然性，流量并不定向，而且时长并不适合呈现医美机构的优势与特色，因此金星认为大部分机构都难以从这个平台获得很大的利益，即便这个平台本身很火。

因此，在这里金星提供选择平台的三个依据：

首先，流量质量大于流量数量。医美是奢侈品生意，而非大众生意。对于医美这个领域来讲，最重要的是你能覆盖到多少精准用户。有的时候用户越大，用户基数越大，反而越不容易筛选出精准用户。

其次，场景大于流量。场景是长久以来被潜移默化形成的潜意识。只有人、货、场三者都对了，才能形成有效的成交和转化。回想一下在医疗领域成功的平台，好大夫、微医、新氧、丁香园、春雨医生，BAT鲜有直接参与，这不同于其他领域。这是因为大众都认为医疗是有风险的，需要专业知识，所以你的平台，一个品牌，在消费者心目中形成的认知越专业，越容易成功。

最后，留存大于拉新。每天5个到店消费顾客，大部分的医疗机构都能做到。因此真正的问题在于如何将用户留存下来，使他们不断产生价值。所以，新氧的运营机制是帮助机构提升顾客留存，因为这才是解决问题的本质。

所以，新氧在原有的流量基础上，已经逐渐通过为机构解决医疗器械问题、提供线上和线下培训、营销方面联合投放、构建新氧美学体系等业务，全方位地为医美机构赋能。

新氧 COO 刘逍：电商运营方法论
——base 在百万机构案例

2018 年，我们听到了诸如场景营销、医生合伙人、流量池模式、超级用户思维、LTV 等关于营销、股权架构、模式、思维、逻辑的

“大词儿”。然而这么多大道理之下，很多机构还是过不好自己的日子？为什么？

这是一个认知廉价而执行奢侈的时代。没有执行资源的战略基本上都是 PPT，没有执行觉悟的反馈跟学习都是朋友圈。由于执行力高度稀缺，大部分机构应该考虑更多借助外部资源，他们需要一个督导来耳提面命、规范动作、高频反馈并随时纠偏。新氧就是这样的一个机构伙伴。

新氧关注到了运营成功的四个要素：第一，复利公式；第二，有效市场；第三，通过不控制去控制；第四，全环节思考。

现在有很多新晋的网红机构，比手握巨额预算的大品牌发展更快。主要差异在于所选择渠道的周转率高低。传统的会销、项目公司的分成、人头渠道等就是周转率低的渠道，衡量一个渠道价值的唯一标准是看它是否可以为品牌带来真正有效的积累。

什么是周转率比较快的资源？转化率的提升，留存率的提升，客户召回率的提升，口碑的传播效率，当然最重要的也包含人的传播能力，这些是周转率很快的资源，大家应该去投入，应该多花精力去做，应该把整个执行资源砸到这个资源上。

有效市场是指用户相互影响的市场，即在一个有效市场中的用户会参考彼此的意见。市场部不是买流量的，而是通过超预期、营造落差、绑定用户更喜爱的话题等方法，促进用户传播。

而且我们要做到通过不控制去控制。比如机构的微信公众号很难做起来，是因为要求做的事情太多，我们去观察很多机构的账号，请过很多人之后，一天恨不得发 8 条，第一条推月活动，第二条推企业文化，第三条推促销活动，第四条要推广一些科普，第五条感觉别人都来追热点，我得追热点。

如果你把这个账号拿出来看，你甚至搞不清楚它在满足用户什么需求。我们首先需要把它看成一个产品，所以要持续满足用户的需求。并且不要把目标直接讲给用户听，而是干预他的决策。

除上述之外，我们应该全环节思考。80%的营销工作不在营销部门，也不在市场部门，而是在全环节，尤其是行业短板的环节。比如我刚才所说的，你的咨询师是否有整套方案的设计能力，且他跟医生之间是不是有一个约束关系，是否能给出完成度比较高的方案，这是行业短板。全行业都没有人能做到，你做得比别人好一点，就能够收获一个巨大的效应。

举个例子，新氧美学体系，就是从用户的诉求推动美学设计，进而落实到一套诊疗方案，告诉机构如何参与这个项目，如何提升用户黏性、拉伸用户的LTV。

咨询师在设计美学方案时，首先需要听用户说了什么，以及用户没有说什么；其次，应放大个体的特征，保护个体的小瑕疵；最后，还应引导用户诉求，引导他们不仅追求外表，还要构建自己的人生战略。

新氧消费者运营集团军副总裁王雅琴：新媒体内容运营，为什么电商之外还要做运营？

2017年，新氧将电商运营作为非常重要的一个大的环节。从2018年开始，新氧想用一些更省钱的方式，让机构在平台上获取更多的流量，包括怎么让机构有一个比较好的定位。

新氧上关于内容的板块有短评、安利帖子、问答，类似于朋友圈之类的医生说，医生的一些访谈、直播，包括有一些运营直通车、商品详情页，这些是我们目前承载内容的载体。

为什么在平台上面，除了做电商运营之外，新氧还需要去做内容？因为对于所有的平台来说，都需要优质内容。对于机构来说，新氧可以把要售卖的商品维度或商品信息、医生信息，包装到内容里面，通过内容输出到平台，平台会对优质内容去做一些筛选，再把平台的流量导给优质内容，从而导给我们的商品，最终完成一个交易的闭环。

为什么新氧要去做内容？做内容有几个点：第一，成本、门槛相对比较低；第二，新氧在内容上面可以去包装机构的差异化；第三，内容的积淀效益。

新氧新一轮2018年流量的一个入口就是新氧头条。什么是新氧头条呢？新氧在App首页左侧的底部有一个叫颜值社的入口。在入口里面，新氧也展现了各式各样的帖子，目标是所有跟帖子相关的内容，在新氧都能够找到。

在引导机构怎么去做好头条之前，新氧查阅了一些行业内以内容为主的信息流内容数据，什么样的东西最吸引用户点击，无非就是从用户的角度出发。

什么样的内容是受他们所期待与喜爱的？

第一，内容要有创意，比如我的内容比较感人，能够引起共鸣，能够实现口碑传播，或我有一些热点，或者我可以跟用户去分享成功的真实案例，或者我对用户有一些实质性的帮助，这都是能够吸引用户去抓用户眼球的一些点。

第二，说的精华的一些案例，我们目前在首页上面看到的案例会有一些区别，它其实可能更加轻量。

第三，就是工作跟生活的日常，包括怎么分布我们院内的一些服务特色、环境。

第四，社会地位的展示，社会地位包括学术上面的论坛、媒体的采访，也包括我们通过节目的一些展示。

还有关于图片、标题、内容排版的综合要求，满足这些之后，这些头部内容就会有一个比较好的曝光方式。

二、 建立差异化与精细化运营

医美产业规模以千亿级计，是市场化成熟度最高的消费医疗细分领域之一。一方面，消费者在经历多年的市场教育之后，对于医美的接受度增加、黏性增强，同时认知更理性；另一方面，随着资本方的介入，大量机构连锁扩张的步伐依然在进行中，但是精细化运营势在必行。

中国医美市场从 20 世纪 90 年代开始，经过多年的发展，无论是在医美还是生美，都涌现了一些巨头，随着“90 后”等年轻一代的医美消费者崛起，其实慢慢在倒逼着这些机构进行变革和升级，比如获客、服务流程方式，以前粗犷式的运营模式需要进行精细化迭代。

在中国，区域规模化的小医美连锁品牌比较容易实现，但是形成真正意义上的全国连锁，像麦当劳、肯德基一样搭建标准化的 SKU 和服务流程其实很难，全世界的医疗机构都面临这样的困境。

以皮肤年轻化为代表的轻医美连锁，是近几年中国内地市场逐渐兴起的产业形态，尤其是在“北上广深”等一线城市。由于是新生事物，之前没有可借鉴的样本，慢慢面临同质化等问题，甚至出现机构互相挖墙脚的情况。

轻医美这个行业热不热的关键就在于同质化竞争，如果还是依靠传统的百度、传统渠道推广、靠咨询师砍单的模式，肯定会陷入红海的状态，因为竞争的是同类资源。移动互联网技术进来之后，就要坚持创新和差异化。

来自中国台湾的星和医美集团（以下简称星和），成立 10 年，深耕皮肤医美，在轻医美蓝海市场，用大总部理念打造出了真正的连锁模式，计划在未来 3 年内，在中国大陆开设 100 家真正的连锁。

轻医美作为新起的医美市场，在传统的大型整形医院、生美之外，构建了自己的运作模式，在略显同质化的市场化竞争状态下，星和凭借高效的获客方式，以及复制的连锁模式，已经在内地布局 14 家机构。

那么轻医美市场有哪些特点，星和又是如何打造自己差异化的运营路线，为此，动脉网专访了星和创办人林信一，总结出以下四大精彩观点：

（1）光电器械及生物耗材的战略合作，是连接消费者非常重要的一环。

（2）年轻一代的医美消费者崛起，倒逼着传统机构进行获客，以及服务流程上的变革和升级。

（3）轻医美行业看起来热的原因在同质化竞争，突围的关键在于创新和差异化，星和要打造的是类似“名创优品”的平价化品牌。

（4）服务流程 SOP 最大的精髓就是流程管理精确到分秒。

林信一要将星和打造成医美界的“名创优品”，普及让女生可以变美的医疗服务和医疗保养品，这是一片蓝海，但首先需要尽快解决标准化的问题，如今已经逐步探索出了可复制的样本。

星和的主要业务有四大板块，皮肤管理、微整精雕塑形、抗衰老年轻化和光电中心。星和基本上不做整形，相比其他轻医美连锁品牌，星和的优势是十年的品牌、技术积累，以及非常互联网化的运营方式。在中国台湾，星和只靠口碑及 KOL 的见证文章和博客累积出来品牌认知度，所有的用户都是从线上进来，互联网化及数据驱动思维贯穿始终，没有咨询师也能高效运转。

从整个产业定位来看，医疗产业里面最接近消费跟快消产业的就是医美，星和线下机构里没有咨询师，运营高度互联网化，已经跟用户在线上而不是在现场沟通。互联网概念并不新颖，但在医疗产业里面就很另类，可以缩短连接用户的距离，帮助建立信任感。

凭借在中国台湾运营积累的成熟技术跟培训体系，星和则选择质量最好、价格有竞争力的爆款产品，比如瑞蓝玻尿酸，先跟用户进行第一次的约会互动，跟用户建立信任关系，未来再通过商品迭代去获取利润，看得相当长远。

依托智能 IT 系统及大总部的概念，星和打造了标准化可复制的样本，它的目标是在中国大陆 3 年开设 100 家真实的轻医美连锁。

什么是大总部的概念？创始人林信一是这样解释的，大陆传统的医美市场是遵循大前场、小后场理念，一般医美机构在现场的人通常是后勤的行政采购、财务人员的大概 5 ~ 10 倍，只有极小的后勤市场，但在实际运作的时候，后勤资源需要是前场的 2 ~ 3 倍才足够支持。在台湾地区，星和有 10 家店，每家门店大概 12 ~ 15 人，但总部却有 100 人，才能够支持覆盖南北 300 多公里的 10 家店的分布。

互联网技术的出现，解决了距离跟价值传递的问题，跨越了地理限制，星和的成功经验可以无缝嫁接到大陆市场，尤其是 2012 – 2015 年，垂直医美 App 平台兴起，给传统的医美市场拓客、运营方式带来很大改变。

星和打造连锁的运营理念是通过低成本的流量获取平台，再给用户提供满意的体验，增加黏性，形成比较持久的复购，利润自然就出现了。而在这个服务闭环中，最关键的部分是提高效率。星和用网红做拓客、获取流量，用效率做管理，人员职能分工和 KPI 很明确；用复购做获利，并且一直在这个链条上做优化和迭代。这一套标准化体系建成后，就像麦当劳、肯德基和星巴克，开设百家连锁比较容易。

如何建立标准化的服务流程 SOP，创始人林信一举了 3 个最重要的流程：

（1）轻医美最重要的就是解决客诉问题，重要的是术前同意书的签订，降低术后的纠纷，签多少张或者多少内容都必须掌握好。

（2）医生治疗的时间掌握，如打一支玻尿酸，应该控制在 12 ~ 13 分钟，不同年限的医生时间会有差异，不同分级和水准的医生会有相应的考核标准。

（3）客户的等待时间。通过互联网技术、室内定位的追踪，打通很多节点的联系，未来想控制每个客户等待时间不超过 3 分钟。

据星和统计，一个用户治疗完两个 SKU 大概需要的时间是 77 分钟，星和将它作为服务指标，可以精确了解用户在某个时间段里每分每秒所在的位置，制定一套比较好的管理市场机制，能让一个店长可以管理 5 ~ 10 家店，只要通过 IT 化的通警报机制可以知道管理服务的质量，而不是用传统的方式用眼睛看，所以这是依托 IT 而制定 SOP。如今，星和用“网红、效率、复购”这六个字做经营，运用标准化的服务流程 SOP，已成为轻医美行业精细运营的范本。

三、颠覆传统路径降低获客成本

中国医美市场在经历了10年快速扩张时期，市场规模目前仍以每年40%的速度增长，市场化程度非常高。每年都有大量新的消费者涌入这个市场，新老消费者在消费观念、消费习惯、消费决策，甚至包括可支配的金额方面，其实都不太一样。从“70后”的广播一代，到“80后”的电视一代，再到“90后”的互联网一代，人们获取信息的来源不断更替。

根据《新氧白皮书》，中国每100位医美消费者中，有53位是“90后”，他们有使用网络的习惯，加之医美消费重在决策，因此查看网上社交平台的评价口碑，成为消费中的重要一环。医美机构，作为线下的服务行业，也必须随着环境去变。老的机构未来会被淘汰，新的一批机构会慢慢成长起来，这是一个不断优胜劣汰的循环。

医美消费者逐步理性，获客渠道已经从原来在百度上投竞价、电视广告就有客源，变成现在以互联网医美平台、新媒体矩阵为主的获客渠道。如何降低获客成本？动脉网总结新氧的五大运营法。

（一）医美两大驱动力：年轻化和微整形

《新氧白皮书》指出，2015年中国医美消费主要源于明星网红的职业需要，但到2017年，消费意识觉醒，更多人选择医美项目，仅为愉悦自己，医美已经走进公众生活。源源不断的年轻人加入医美消费者的行列，成为推动这一市场增长的原动力。

横向从全球变美趋势来看，中国用户通常从20岁开始整形，而欧美用户主要是在30岁以上开始整形，中国用户的平均年龄要早于欧美

10 岁。年龄的不同也导致了需求的不同，中国消费者的主要追求是变美，变美的基本认知是五官立体、白瘦；而欧美消费者的主要追求是抗衰，抗衰的基本认知是丰乳肥臀、去皱。

不仅接受医美的人越来越多，同一个人能接受的医美项目也越来越多。近几年，医美项目的普及趋势是“从外向内，从上到下”，即从双眼皮、文眉、皮肤、隆鼻到填充、私密、牙齿，以及从面部到胸腿肩腰臀的过渡。2017 年，新氧上的私密和牙齿项目的交易额明显提升。

另外，中国地域广大，一方水土养一方人，这也滋生了不一样的消费特征。比如北京人最爱写整形日记和赴韩整形，广东消耗了全国 1/8 的玻尿酸，重庆做了全国 1/6 的隆胸和私密项目。

新氧平台上订单量最多的是微整形，即非手术类的整形，占比达到 70%。其实微整市场每年也都会有一些新的流行项目，比如水光针、热玛吉和热拉提等，而且更新迭代比较快。微整形在未来几年的比例会迅速地上升。因为随着技术的发展，原来必须要通过手术去做的项目，现在不用手术、不用开刀也可以了。

可以预见，虽然新氧平台上以微整形项目为主，不过消费者一般从微整形开始尝试，对医美安全性接受度高了后，会慢慢开始一些手术类型的整形，因此手术类整形的订单量和交易额也会随之上升。

（二）320 万篇整形日记有效连接机构、医生和消费者

新氧创立于 2013 年，那一年是医美平台创立的窗口期。在此之前，百度是用户了解消息的第一网络渠道，为了找到好的机构和医生，用户决策时间长，而且不精准。

新氧上，目前积累了 320 万篇消费者亲自撰写的整形日记，基本上覆盖了国内绝大多数的医院和医生，将主要的正规机构和医生全部标签化。

新氧规定，消费者的整形日记只有消费者本人有权删改，平台和机

构都不能染指。这让消费者有了一个地方能书写和搜寻医美消费的信息。平台起到了连接消费者和医生、机构的作用。

新氧积累到大量的整形日记和机构销量，有大量的用户反馈，整形日记数量越大，筛选出来的产品和服务越精准。

信息丰富，如何把信息有效匹配，让浏览用户有良好的体验尤为重要。新氧的产品列表和整形日记列表都采用了“千人千面”的算法技术，这是一种类似于今日头条的先进算法。

据新氧介绍，当给 20% 的用户使用这一算法测试的时候，用户的打开率增长了一倍。当信息量越来越大的时候，推送也就更精准，这也是为什么新氧活跃度非常高的一个原因。

（三） 新氧联合卫健委， 确保正规机构和合法执业医生

2017 年，新氧与国家卫健委医生资格查验通道贯通，可一键查询医生信息。同时，新氧严审入驻医生的《执业资格许可证》，确保合法执业医生方可入驻。

消费者如果对医生资质有疑问，只需在手机上打开新氧，点开“我的”，然后选择“医生查询”，输入医生姓名和医疗机构后，可立即看到卫健委登记的医生信息情况。

此外，新氧支持所有药品的在线验证功能。在用药前，消费者可以打开新氧 App“我的”选项里的“药品检验”，调出扫码框，对准药品上的二维码扫描，即可立即获得药品相关信息。

机构方面，新氧严审入驻机构的《医疗经营许可证》《营业执照》和《医疗广告许可证》。在品质控制上，新氧推出了“严选计划”，设置 5 重安全保障：100% 正品、100% 实地考察、氧气保、闪电退和先行赔付。

目前新氧已在全国 216 个城市派驻商务拓展人员，严查医院和医生资质，增强消费者的信心。

（四）新氧让线下机构获客成本降低 9 成

线下医美机构竞争已经进入白热化，国内大大小小上万家，如何在众多整形机构中脱颖而出，降低获客成本，是每个整形机构最头疼的难题。

在综合性搜索引擎上竞价，或者通过线下渠道代理商获客，机构的营销成本一般为50%，获客成本平均高于3000 元/人，这意味着每有一位客人进店，如果让机构赚到的钱低于 3000 元，机构就是赔的。

新三板中，医美机构的利润率普遍在 10% 上下，那么就是说平均进店客人的消费要高于 3 万元，机构才开始赚钱。于是过去会出现医美消费价格不透明，天价账单不断的事情。

医美 App 自带透明化、去中间化基因。在新氧，优质机构的营销成本仅为 10%，人均获客成本低于 300 元/人，这主要是按产生首单计算，没有计入重复购买，复购还将进一步拉低获客成本。

新氧给用户减去了中间销售环节付出的高昂成本，其核心是通过内容和口碑传播降低机构获客成本，从而拉低消费价格，如图 3－4 所示。

据《新氧白皮书》表示，几年来，针剂市场价下滑 70% 以上。一是因为药品中外价差大，有回落空间；二是因为消费透明，机构不再能看人报价；三是因为定价机制，机构以针剂为引流项目。

与注射项目的一路走低不同，尽管新氧上的手术项目价格是线下机构的一半，甚至更低，但线下机构的手术价格却并没有随之回落。

这有几个原因，一是因为医生的收入在增长；二是因为渠道代理价格一路水涨船高，导致营销成本增长；三是相比于注射项目的低价引流作用，手术项目是机构的获利来源。这说明，对于机构，如果不改变发展路径，价格已经没有下降的空间，挣扎在生存线上。

新氧平台通过整形日记让机构更关注消费者满意度，同时价格还能降得下来，主要是因为其把机构的获客成本从 3000 元/人以上拉低到

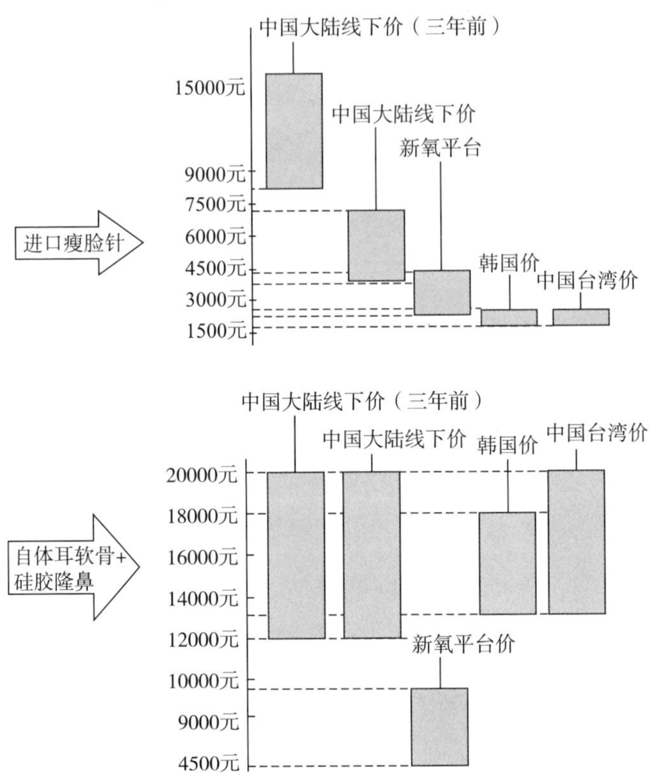

图 3－4　三大典型项目不同渠道消费价格对比
（图由北京新氧科技有限公司提供）

300 元/人以下，打破了服务和营销的畸形占比。在一些重点合作机构，新氧导流的客户量能够占到总用户量的 60% ~70% 。

（五） 新氧建立了一个公平竞争的医美平台

2016 年新氧宣布实现年度盈利。新氧核心的盈利模式还是佣金抽成和广告费的模式。不过单纯从收费模式上，也可以做一些创新，开发面向商家的不同增值业务组合。

新氧的收费模式并不是广告位一天多少钱，而是一套精准匹配的动态模型。在这种动态匹配的模型里，同样的资源位，不同医院需要花的广告费不一样，比如一家医院线上网友口碑评价评分越高，出的价格会越低。

如果是一家新机构，网友评分还不高，累积的销量也不高，同样的位置，可能花的价格是别人的 3 ~5 倍。颠覆了传统的广告投放模式。

通过这样的方式，其实新氧是在鼓励那些很用心在 App 上做运营、口碑非常好的机构，哪怕可能是中小型的诊所，也会得到很好的推荐。

由于入驻 App 的机构基数太大，必须考虑一个公平性的方式。很多大型连锁财大气粗，基于传统的广告模式，这些大医院很有可能砸钱把所有的资源位买断，这样一来，口碑和销量非常好的中小型诊所或者医生的个人品牌，将会蒙受很大损失。

在拓展医院和医生上，如今的市场也发生了一些变化。除了在数量上持续扩张之外，新氧开始深度介入线下机构的运营，帮助这些入驻的机构打造品牌，梳理正确的定价、营销和管理策略，为诊所赋能，为消费者建立一个安全变美的环境。

第四章

企业篇：医美行业的企业案例

一、全球视野

（一）医美整形界的“大众点评”——RealSelf

在线医美社区（RealSelf）成立于2006年，创始人是汤姆·塞利（Tom Seery），办公地点位于美国西雅图。作为一家医美分享社区网站，RealSelf的网站内容包括：各类型手术介绍及受用户欢迎度排名、用户体验长评、不同领域专业医生介绍及推荐、医美基础知识科普等医美相关信息。

获取RealSelf网站账户后，用户可以写长评细述自己的医美手术经历（可选择附上术前术后对比照片）并发表，就手术技术细节、机构、主刀医师、费用、效果、副作用等方面做介绍，有疑虑的用户还可以向医生提问或直接与中意的医生取得联系。美国知名科技博客Business Insider将其比作Yelp（编者注：美国最大点评网站）与脸书（Facebook）的混合体。

汤姆认为，医疗领域是典型的“信息不透明”领域之一，尤其是在用户体验方面，消费者在做医疗相关选择时几乎无从获知患者声音。而隆鼻、隆胸、抽脂等都不是小手术，且往往价格高昂，不应在缺少信息的状况下草率、盲目地做决定。

在这个领域，消费者平均决策时间为一年至两年。潜在消费者希望能和有过类似经验的人交流，而已经有过类似经验的人通常也有与他人分享医美经历的意愿。RealSelf做的就是提供这样的平台，将潜在消费者、现有消费者和医生机构三者相连。

RealSelf的功能：用户如对某项医美手术有兴趣，可登录RealSelf

网站，浏览热门手术类型，浏览其他用户发布的长评和实拍照片，提出问题，等待解答，寻找并发现中意的医生，前往医生个人网站做进一步咨询和沟通。除常见医美手术外，RealSelf 涉及的手术类型还包括皮肤科、牙科、激光近视矫正手术（LASIK）等。

1. RealSelf 的创立及特点

（1）创始人及创立背景介绍。

汤姆·塞利（Tom Seery）为 RealSelf 创始人，任公司 CEO，早年于康涅狄格学院取得学士学位，并分别于华盛顿大学和德雷赛尔大学取得硕士学位。曾供职全球最大的网络旅游公司（Expedia）。汤姆在消费品线上销售端拥有近十年的从业经验。在组建 RealSelf 之前，他就职于 Expedia。

在那期间，汤姆主导发布了一系列以消费者为中心的外延服务和产品。供职 Expedia 之前，汤姆曾为 VacationSpot. com（编者注：一家线上度假租房搜索引擎）启动了联属营销项目，并担任 Unisys Corporation（编者注：一家位于美国宾夕法尼亚州的全球科技信息公司）一些大型项目的项目经理。

说到 RealSelf 的创建灵感，这还要追溯到一份宣传册。数年前，汤姆的妻子做完 spa 回家时拿了一本关于激光手术的宣传册。她当时有意选择一家可靠的医美机构做一个很小的激光手术，却发现没什么获取信息的咨询渠道。这一场景让汤姆觉得似曾相识：在 Expedia 出现以前，人们对于旅行的选择也是这样，常常因掌握信息不足而拿不定主意。

在网络信息获取渠道与分享平台方面，旅行业有 Expedia，房地产业有 Zillow，医疗业有 Castlight Health 等。汤姆不止一次在医美领域碰到信息不透明的问题，也一直在寻找解决问题的切入口。

那时汤姆正任职于 Expedia，那段经历让他懂得用户贡献对于网站发展的重要性。有了初步想法之后，他决定将这一想法和他的从业经验相结合。他对 TripAdvisor（编者注：已被 Expedia 收购）的发展模式评价颇高。

汤姆认为，这是一种了不起的以内容为支柱的网站运营模式。其中最吸引他的地方在于，这些内容的贡献者并不是专业编辑，而是由普通人组成的网络社区。比起国内受众更为熟悉的 Facebook 和 LinkedIn，他其实更推崇 TripAdvisor 的发展模式，因为后者的模型设计是以消费者分享为核心，同时融合金融交易。

2006 年，汤姆终于将这一模式引入了医美领域。他自掏腰包 10 万美元创建了一个模型，一年后正式上线。他的首次调研显示，41% 的美国民众会使用网络搜索医疗相关信息。这一数字目前已增长到 61% 以上。

2007 年 4 月，天使轮融资 75 万美元；2008 年 6 月，A 轮融资融得 120 万美元，如图 4－1 所示。创业界的一句经典名言是："瞄准一个以信息不透明为盈利点的行业，让它变得透明。这便是初创公司的机会所在。" RealSelf 的创立显然符合了这条经典准则。

Funding Rounds（2） · $ 1.95M **UPDATE**

Date	Amount/Round	Valuation	Lead Investor	Investors
Jun，2008	$ 1.2M/Series A	—	—	0
Apr，2007	$ 750k/Angel	—	—	1

图 4－1 RealSelf 融资状况

据 RealSelf 的公开数据显示，公司 2015 年收益达 1990 万美元，三年累计增长 333%。截至 2016 年 11 月，RealSelf 共有雇员 135 名。公司计划在 2017 年继续扩员 33%，名额主要分散在医生支持端及产品开发团队，目的是帮助用户快速获取决策所需信息，缩短用户平均决策耗时。

在公司创立初期，RealSelf 的主要推广方式是谷歌（Google）的 AdSense（编者注：Google 公司推出的互联网广告服务）。现如今，谷歌搜索依然是 RealSelf 新增用户的主要来源。RealSelf 曾在 SEO（编者注：

搜索引擎优化）方面投入大量精力，但后来还是决定将注意力集中在网站内容的提供。

据汤姆解释，这样的调整主要是考虑到网络用户使用谷歌搜索医美相关信息时，真实有用且具有高相关性的内容会先于静态文章和无趣的博文出现。因此，动脉网发现，每当 RealSelf 网站用户或合作医生在 RealSelf 网站发布了有价值的信息，谷歌的相关搜索结果中来自 RealSelf 的内容出现的频率就提高一分。而在 RealSelf，这样的信息每天都会新增几千条。

（2）用户体验流程：按手术类型建立社区，供用户自由分享交流。

下面以“鼻整形术”为例，来展示 RealSelf 的用户体验流程。

在网站首页的“热门手术”功能区点击进入“鼻整形术”社区。进入后你会看到有关鼻整形术的资料分类，其中包括用户长评、术前术后照片、问答、视频、论坛、公共教育资源、费用等。该页面附有“查看附近的医生”这一功能模块，如图 4－2 所示。

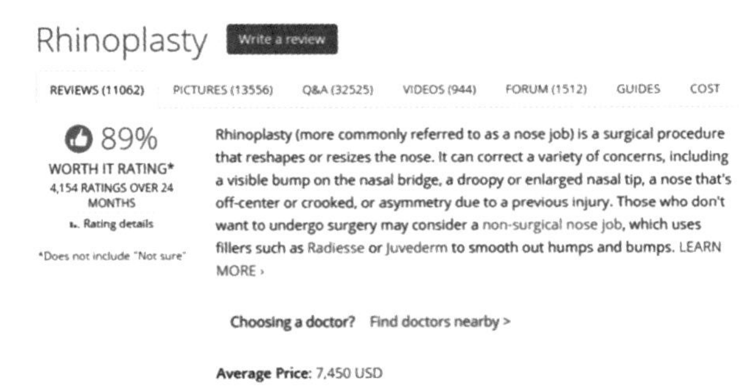

图 4－2　RealSelf 网站“鼻整形术”社区

在“用户长评”功能模块，如图 4－3 所示，你可以查看其他用户发布的经历分享和对本次手术经历的综合评价。发布者会标明手术价格、地理位置等具体手术信息，RealSelf 会附上主刀医师的联络窗口。医师无权移除用户长评。发布者有权向网站提出申请，要求移除自己发布的长评。其他用户如对某篇长评产生真实性的质疑，也可向网站管理人员提出核证申请。

WORTH IT

Septorhinoplasty, Turbinate Reduction, Repair of Vestibular Stenosis - Chesapeake, VA

thesimplygolden1 • 14,300 USD • Chesapeake, VA • Updated 11 hours ago

I have my rhinoplasty surgery appointment in two days. Going with Dr. George Murrell in Chesapeake, Virginia. I've been wanting this surgery for years. Back in 2009 I was in a terrible care accident, flown to the hospital, and underwent emergency reconstructive surgery. My nose was one of the... READ MORE ›

38 photos • 13 comments • 1 member found this helpful

NOT SURE

I Need a Nose Job! - New York, NY

ilovesnails666 (RealFriend) • New York, NY • Updated 13 hours ago

I've wanted a nose job for as long as I can remember. Since I was a child I've always hated my nose. It's wide and fat and becomes even wider and fatter when I smile. I have a retracted columella and hanging alar. My nostrils are huge. I don't mind my profile. It would be fine if the front of my... READ MORE ›

10 photos • 2 comments

NOT SURE

Ethnic Rhinoplasty (Finally Decided to Do It!)

SandyB25 • 10,425 USD • United Kingdom, GB • Updated 15 hours ago

图 4－3　RealSelf 网站“用户长评”功能模块

在“术前术后照片”功能模块浏览照片时，如图 4－4 所示，你可以设置性别、年龄、手术诉求等筛选条件，对显示结果进行细分，快速找到对你最有帮助的照片信息。

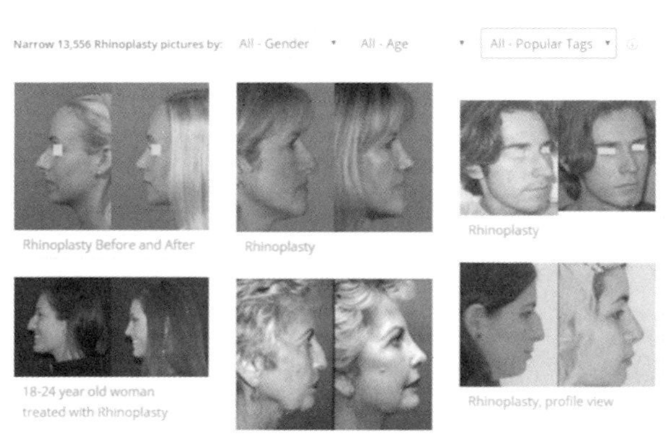

图 4－4　RealSelf 网站“术前术后照片”功能模块

值得一提的是“公共教育”模块，如图 4－5 所示。用户可以在该模块浏览有关“鼻整形术”的知识普及帖，消除常见误区，充分掌握信息，确保做出明智的医美选择。

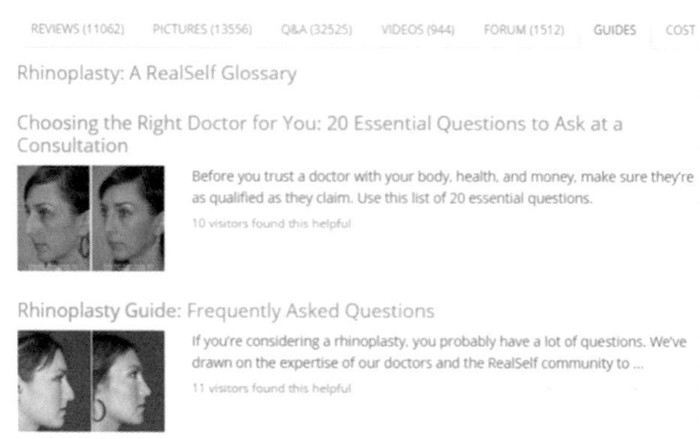

图 4-5　RealSelf 网站“公共教育”功能模块

在赋权用户的同时，RealSelf 还为用户提供全方位的安全建议和指导，包括如何保护隐私、如何处理照片、如何隐藏个人重要信息、网站各个功能模块的最佳浏览顺序和使用技巧、心理问题的自我诊断及救助办法等，以确保用户获得安全优质的使用体验。

（3）用户鼓励策略：授予 RealFriends 奖章及附送福利。

为提升用户参与度，并嘉奖优质活跃用户，RealSelf 从大方分享亲身经历并为社区其他成员提供热情帮助的积极用户中选出各项表现最突出的，并将其认定为 RealFriends，以这种方式向他/她们表达感谢，如图 4-6 所示。目前，RealFriends 奖励制度只在 RealSelf 的 5 个社区试行，且评选范围只限于美国居民。

图 4-6　RealSelf 网站的 RealFriends 介绍页面

RealFriends 的附送福利包括：

①获得 RF 奖章一枚；

②收到一份来自 RealSelf 的礼物；

③有机会预先体验网站新特性并给出试用意见。网站开发团队在对产品进行调试时会参考这些意见，对有关功能设计作出相应调整和修改；

④有机会在 RealSelf 官方博客分享你的重塑自信之旅；

⑤有机会受邀参加由 RealSelf 组织的社交媒体活动。

（4）RealSelf 医师推广产品服务：PRO 和 Dr. Spotlight。

在介绍 RealSelf 提供的医师推广产品前，请先看几条 RealSelf 网站的最新流量数据，如图 4－7 所示：

①2017 年访客数达 6000 万次；

②每年由 RealSelf 引流至医师主页的访客数达 180 万次；

③网站提供的专业医师和专家回答数累计达 1 百万条；

④每年新增患者咨询数 40 万条；

⑤据调查，每三个消费者当中会有两个在通过 RealSelf 联系上医生后的 28 天内预定咨询或手术。

上述数据表明，对于医美从业医生来说，RealSelf 是一个十分值得尝试的推广平台。

图 4－7　RealSelf 最新数据

除向医生开放免费账户外，RealSelf 还提供不同种类的医生推广产品和服务，以帮助合作医生优化个人资料展示效果，提升曝光度和访问量，吸引潜在消费者，扩大业内影响力和经济收益。

在医生推广强度和推荐优先级方面，RealSelf 的医生账户分以下三个等级：

初级：免费账户。

中级：PRO。

高级：Dr. Spotlight。

不同级别账户对应的服务如表 4－1 所示。

表 4－1　RealSelf 不同级别账户对应的服务

建立品牌	免费账户	PRO	Dr. Spotlight
建立账户，添加个人信息	√	√	√
激活用户问询和语音联络功能	√	√	√
通过问答版块和照片库展示专业资质和技能	√	√	√
账户升级	免费账户	PRO	Dr. Spotlight
实现个人主页个性化，增加封面照片、获奖情况和个人陈述等功能分区		√	√
照片库扩容		√	√
对医生提供的折扣活动进行宣传推广		√	√
屏蔽竞争对手广告		√	√
在查看附近的医生功能模块显示医生资料		√	√
将大量潜在消费者引入医生的个人网站		√	√
增加曝光	免费账户	PRO	Dr. Spotlight
当地用户浏览网页时，确保医生的个人资料能被看到			√
向当地用户推广医生发布的手术效果展示照片和参与过的问答；医生的个人资料会在 RealSelf 主页滚动出现			√
接收定制化数据跟踪和通知报告			√

据 RealSelf 的几位合作医生反映，RealSelf 的“口口相传”效应为医生带来的客户量是仅凭其个人网站推广或其他形式的线上广告所无法实现的。此外，RealSelf 引流来的客户通常在联络医生前就已经做了大量的信息收集工作。他们常常是有备而来，对许多专业知识和行业状况

都有了一定了解。消费者带着一定的专业素养和对医生的信赖慕名而来，许多医生表示，与这样的客户合作让他们感到更加愉快。

RealSelf 合作医生彼得·卡皮兹（Peter Capizziz）在 RealSelf 的投入与回报情况：

投入：Dr. Spotlight 五级 + 每天回答两个问题 + 每月发布两张照片。

回报：平均每 500 美元的支出可对应 16000 美元的回报。RealSelf 引流来的用户有 85% 转化成了手术消费者。

（5）优质医生认证和嘉奖策略：RealSelf Top Doctor（编者注：顶级医生）。

RealSelf 可以说是做到了“明码标价”，一切信息公开透明，这意味着医美消费者在“购物”前就已经掌握了大量信息，理论上可以轻轻松松做到货比三家，占据主动权。这也正是 RealSelf 的理念和目标，即赋权消费者。

RealSelf 的用户长评不全是正面的。有某些案例中，分享者甚至会直白地建议其他社区用户不要去做某项手术，或不要选择某家机构。RealSelf 习惯将自己定位为一家传媒企业，这种自我定位多多少少可以反映出这家公司的运作理念和功能本质。

为了表彰与 RealSelf 理念相合且在患者互动与专业水准方面表现突出的优秀医师，RealSelf 每年会选出几位 RealSelf Top Doctor。

这些医生始终认真投入，积极回答用户提问。他们鼓励患者不受影响不带偏见地发布公允评价和看法，即使这些评价是负面的。该等级的评定与医师参与度有关，无需申请，符合条件者自动纳入评选范围；Dr. Spotlight 等医生推广产品不影响最佳医师评比。总体来讲，RealSelf Top Doctor 的授予率不超过 10%。

根据参与度和专业表现的不同，RealSelf 的医生账户分为以下四个等级：

①普通会员：开通了 RealSelf 医生端个人账户，在 RealSelf 问答论坛回答过一条用户提问后账户自动激活，视为普通会员；

②高级会员：有较多 RealSelf 用户写长评对该医生给予正面评价；建立了一定的职业信誉和个人品牌；回答用户提问达 50 条以上；

③RealSelf 最佳医师：

参评条件：

回答用户提问超过 75 条；

每三个月新增十条（或以上）回答；

3 篇正面用户长评；

回答过的问题收到的点赞数超过 1；

④RealSelf 100：RealSelf 医生社区顶级会员。该奖项获得者在专注度、参与度、投入、对用户提问给出的回答的质量和认真度及用户反馈方面都堪称业界楷模。

（6）积极承担企业社会责任：RealSelf Fellowship 基金资助项目。

随着公司发展规模的壮大，RealSelf 不断探索开发新服务与新性能。2016 年 10 月，公司首度发布了一项新性能，该性能支持合作医生或医疗机构在 RealSelf 网站内搭建自己的主页，增加客户可获取的信息量，创造更加透明的信息环境，帮助用户做选择。

此外，RealSelf 在专注提升用户体验的同时，也不忘积极履行社会责任。为帮助欠发达地区的民众享受到优质医疗资源，公司设立了一项基金，即 RealSelf Fellowship，以资助那些自愿前往医疗落后地区为有需要的人群提供烧伤、唇腭裂等修复手术或康复训练等服务的医生。

RealSelf Fellowship 每笔资助金额为 7500 美元，每年 12 月启动评选程序。

马瑟森·哈里斯（Matheson A. Harris）医生，如图 4－8 所示，来自美国犹他州盐湖城，2017 年 RealSelf Fellowship 项目受资助者之一，于 2017 年 8 月 27 日随 Charity Vision 和 LDS Charities 两大慈善机构前往海地莱凯参加人道主义援助。

（7）专为医生提供的学习提升平台：RealSelf University。

RealSelf University 是 RealSelf 为合作医生提供的多项服务之一。为

Matheson A. Harris, MD
Salt Lake City, UT
Traveling to Les Cayes, Haiti with Charity Vision and LDS Charities on August 27, 2017.

图 4－8　Matheson A. Harris 医生

提升医生用户的使用体验、扩大医师品牌、帮助医生洞察消费者动向和行业趋势，RealSelf 不定期举办在线专题课程和网络研讨会，供感兴趣的医生在线注册参加。医生还可订阅 RealSelf University 新开课程提醒邮件，以便及时获知课程预告等信息，如图 4－9 所示。

Upcoming Webinars

Reviews: Ignite the 'Pay it Forward' Phenomenon
What your patients say about you online becomes the fuel for awareness, consideration, and trust with potential patients. Learn the surprising truth about what truly drives patients to write reviews and how you can ignite the 'pay it forward' phenomenon to get more reviews faster.

Register:

Tuesday, April 4 - 1pm EST | 12pm CST | 10am PST

Tuesday, April 18 - 1pm EST | 12pm CST | 10am PST

or click to take this course on-demand

Gain Influence and Status by Sharing Information
Consumers today demand authentic, trustworthy information and instant communication. Join us for a new look into the ways freely sharing your expertise inside RealSelf's Q&A platform delivers exponential exposure for your practice.

Wednesday, April 5 - 1pm EST | 12pm CST | 10am PST

Wednesday, April 26 - 3pm EST | 2pm CST | 12pm PST

Click to take this course on-demand

图 4－9　RealSelf University 在线课程与网络研讨会主题时间预告

（8）RealSelf app：随时随地获取医美信息。

目前，RealSelf App 仅提供 ios 版本，如图 4－10 所示。除兼容网站功能外，RealSelf App 还支持：

①个性化配置，用户可以根据个人兴趣和需求对 RealSelf App 进行个性选择与设置，以获取定制化的使用体验；

②收藏中意的手术、产品及医生资源；

③及时获取与收藏内容相关的手术话题更新；

④记事本功能，保存浏览过的照片、用户长评等内容，方便再次浏览。

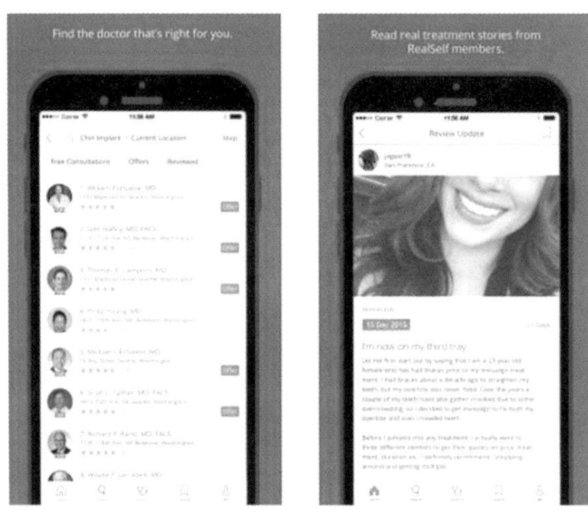

图 4-10 RealSelf app 界面

（9）优势：“推荐/不推荐”评估体系是最大特色。

与其他同类网站相比，RealSelf 的一大特色是其独有的评估体系，即为每一篇用户长评贴上“推荐”或“不推荐”的标签，它可以体现该手术的实现程度，是用户做选择时的重要参考。假如有 65% 的用户“推荐”肉毒杆菌注射手术，而丰唇手术的用户推荐率只有 49%，那么有意实施丰唇手术的用户可能就会犹豫，并慎重思考这是不是一个明智的选择。

相比其他同类网站，汤姆介绍，消费者在面对医美手术选择的时候其实带着两方面的需求：效果和情感。其他同类网站偏重从临床与专业角度关注并尽量满足“效果”这一方面的需求，即开门见山地给出解决方案，结果往往是忽略了消费者情感方面的诉求。

其实，医美手术的广大潜在消费者当中有很多都在寻求认可和安心；他们需要知道，自己会有这样那样的需求与担忧是完全合乎情理的。汤姆认为，正是这一点将 RealSelf 与其他同类网站区分开来，因为 RealSelf 在关注“效果”需求的同时也在意用户的情感诉求。这也是 RealSelf 的核心所在。

为提升影响力和竞争力，RealSelf 和美国许多大型医疗机构都建立了合作，如美国整形外科医师协会（American Society of Plastic Surgeons）、美国美容整形外科医师协会（American Society for Aesthetic Plastic Surgery）及美国皮肤外科学会（American Society for Dermatologic Surgery），如图 4－11 所示。

关于建立合作的重要性，汤姆这样解释：“我们在合作医师的个人资料中注明他们的专业资质认证机构；反过来，这些机构也很愿意将 RealSelf 作为潜在消费者的可靠引流来源推荐给他们的成员。这样一来，这些医师在社交媒体等网络空间的曝光率和知名度就会提升，面对消费者时也会更加具有竞争力。”

图 4－11　RealSelf 受到美国各大医美权威机构的广泛认可

2. 成功了，接下来如何

作为一个“从小就有创业精神，试过建立除草业务、路边售卖自制柠檬水，以及沿街叫卖‘收藏品’——棒球队卡片”的冒险家，汤姆曾为初创公司提出几点建议，在这里与各位分享。

（1）在创业前，先问自己如下问题：

你所做的事能够为用户解决实际问题吗？你主打的产品或服务是否

能够填补某一市场的现有空缺或不足？你有可持续的盈利模型吗？有可操作的商业计划吗？

（2）找到这些问题的答案之后，你需要做什么。

①测试并证实上述假设。创建模型，运行一年。别一开始就想着赚钱；

②充分利用资本。每一家创业公司都需要一个起跑的阶段。眼光要长远，不要只做月度或季度计划；

③认可并接受制约你的因素。要明白制约因素其实是“机会”的一种伪装形式。发挥你的创造力，努力解决问题。谨慎思考，明确什么是重要的而什么不是。要明白不是每一个障碍都可以用金钱解决；

④组建初始团队时，挑选人才要谨慎。慢慢扩大团队规模，不要一蹴而就。从一个精简的、能力强的、充满动力和热情、与你拥有同样理念和抱负的核心团队开始。确保团队内的每个成员都明确自己的分工和在团队内扮演的角色。作为领导者，确保你自己明确每个人的分工；

⑤从那些认可你的愿景和眼光（不只是认可你的业务能力）的投资者处寻求资金支持，热衷于赚快钱的人往往很早就会搞垮公司。

（二）英国规模最大的皮肤医美连锁——Sk：n

随着医学美容行业逐渐被消费者接受，新的医疗设备、药妆、注射等治疗方案也层出不穷，医美整形诊所之间的竞争也越来越激烈。

Sk：n 是英国非手术整形美容市场（注射、医学换肤、激光、药妆等）行业中成立时间最长，规模最大的诊所连锁，服务总计超过 200 万客户。动脉网分析了 Sk：n 多年来始终保持领先地位的成功之道。

1. 从祛除胎记起家，年营收 2500 万英镑

Sk：n 目前在英国共拥有 49 个诊所，成立于 1990 年，包括在剑桥、哈罗、克拉珀姆、伯恩茅斯和南伍德福德最新开放的门诊中心。所有的

诊所都配备先进的医美设备，雇用业内优秀的人才，从而为患者提供杰出的治疗方案。

1990 年，Sk：n 最初只是英国英格兰北部约克郡城镇 Harrogate 的私人诊所，最开始的专业是祛除葡萄酒色胎记。

1993 年，Sk：n 在伯明翰市医院开设了一家独立诊所，同年在哈雷街开设了一家私人诊所。其后，公司开始投资激光技术，引进先进的设备，并与 NHS 合作运营。Sk：n 的医生们满足了 NHS 患者更广泛的皮肤病需求，业务范围变得更加广泛，与 NHS 长久的合作关系也至此延续至今。

2006 年 1 月，Graphite Capital 入股 Sk：n，目的是打造英国领先的非手术皮肤治疗诊所。

资料显示，Sk：n 拥有专业的临床治疗方案，可以在美容治疗行业提供标准化的非手术护理。在交易一开始，Graphite 就引入了一个经验丰富的管理团队，使该业务能够实现快速增长。自 Graphite 投资以来，通过新诊所的开业和收购行为，Sk：n 已从 17 家诊所增加到 49 家。

如今，Sk：n 拥有从阿伯丁到朴次茅斯的全国性诊所网络，拥有完善的诊所的皮肤科医生、整形外科医生、护士或治疗师梯队。目前年营收超过 2500 万英镑，盈利 230 万英镑。

Sk：n 所有的激光技术人员都拥有培训经历，并像组织内的所有人员一样，按照医疗标准团队批准的医疗协议进行操作。在医生的配置上，每个诊所都有一名主治医生。

不仅如此，Sk：n 还在加强品牌与产品开发，以及专业化运营模式方面进行了大量投资，其中包括在数字渠道与线下诊所中展开的 Sk：n 客户的获取和保留策略。Sk：n 会为自己的每一位顾客建立详细的档案，记录他们的基本信息、治疗动机、目的、所消费的产品、社交媒体的使用状况等，从而进一步了解自己的现有顾客并针对其特征进一步制定详细的营销策略。另外，Sk：n 已经推出了以自家企业命名的护肤产品。

2. 严格筛选供应商与合作伙伴，严控品质和安全

就非手术美容市场的规模和营业额而言，Sk：n是无可争议的市场领导者。Sk：n多年以来持续不断的利润足以证明，该公司在产品与服务的设计与选择，以及市场营销方面有着过人之处。

由于Sk：n规模宏大，任何一个想要在医美市场推出新产品的企业或是分销商都会争先恐后向其推销自己的产品。然而，Sk：n内部设有非常严格与详细的筛选流程，医疗委员会将对每一项产品或服务进行细致审查。

Sk：n的医疗委员会由皮肤科医生、外科医生和专业美容医生组成，在任一治疗方案制定及实施前，他们都会首先评估临床证据、安全性数据和监管信息，比如英国知名的皮肤科医生之一Firas Al－Niaimi博士也使用Pico ©激光机进行治疗。

与其他个体诊所业主不同，Sk：n可以通过免费试用来评估某一台新设备或新产品的性能和安全性。大部分供应商都乐于这样做，因为像Sk：n这种规模的企业有巨大的销售潜力，帮助打开销售渠道。

如果供应商的产品能够通过Sk：n的审查，那么经验丰富的营销和金融团队就会仔细评估这些产品的数量和业务模式，从而评估其市场潜力，以及发布该产品，让其创造利润可能需要的额外市场营销投入。来自非手术市场领域非常有经验的专家从业人员、营销人员和会计师的意见，意味着sk：n在筛选商业模式方面有着远超其他个体诊所的优势。

那么，这种筛选模式是如何帮助他们改进自己的服务菜单，并在过去十年中持续保持盈利能力的？从本质上讲，他们专注于基于证据和疗效的治疗，使用的所有优质产品、设备都来自于能够在这一利润丰厚的市场领域，提供安全性和有效性的真实证据的公司。

Sk：n目前提供的服务包括注射、激光脱毛、激光祛除文身、点阵激光嫩肤、医学换肤、药妆和微晶磨皮术等。但他们并未大力营销产品或治疗服务包括非手术皮肤紧致治疗、非手术身体塑形或橘皮治疗、自

体细胞回春术，以及任何形式的静脉注射维生素、矿物质治疗。Sk：n用专业的市场研究来判断，哪些应该放入非手术整形诊所的治疗菜单中，而哪些应该被舍弃。

随着医美行业变得越来越复杂，潜在治疗解决方案的范围也越来越广泛，诊所可能很容易受到营销炒作、杂志广告、活动赞助商，以及贸易展览会上有说服力的销售人员的影响，犯下会为自己带来昂贵代价的错误。

Sk：n用严格的筛选流程来真正评估供应商和分销商提出的临床和金融效益，从而做出最明智的决策，企业只使用行业内最知名的供应商提供的最先进设备，同时与全国领先的权威机构合作，确保诊所达到最高标准，让患者安心。

目前，与Sk：n合作的机构与供应商有以下几种：

（1）NHS。

Sk：n与英国国家医疗服务系统（NHS）有着密切的合作关系，并得到英国各地大量NHS合同的认可。其中，NHS会资助治疗的皮肤疾病包括葡萄酒色胎记、儿童先天性损伤和面部毛细血管扩张症。

（2）Syneron－Candela。

Syneron－Candela是Sk：n激光治疗的主要供应商。他们是光学美容和医疗系统的领先开发商和制造商。Sk：n大量投资适用于所有皮肤类型的最先进的激光设备，确保为患者提供最佳治疗效果。

（3）Allergan。

Allergan（艾尔建）是一家专门从事尖端医药和医疗设备的医疗护理公司。艾尔建为Sk：n提供的注射用肌肉松弛产品包括BOTOX©（保妥适），用于改善患者的皱纹。他们还为Sk：n提供皮肤填充剂，包括Juvederm© Ultra和Hydrafill© Softline。

（4）British Skin Foudation。

Sk：n与British Skin Foudation（英国皮肤基金会）合作，共同提升患者的皮肤健康。英国皮肤基金会是唯一一家致力于皮肤疾病研究的英国慈善机构。他们的目标是为皮肤病研究项目募集资金，从而更好地了解影响英国数百万人生活的皮肤病信息，并寻求治愈方案。

3. 几大皮肤医学美容技术

患者可以在 Sk：n 的诊所找到合适的皮肤科医师专家顾问，这些专家来自专门诊断和治疗皮肤疾病的医学专业。Sk：n 所提供的业务涵盖从抗衰老治疗到抚平细纹和皱纹、治疗痤疮和其他皮肤状况，医疗护理人员，全程为患者提供个性化的治疗方案。以下是几项主要的服务项目：

（1）Earfold ©招风耳矫正术。

Earfold ©是一种用于矫正招风耳的小型外科植入物。该植入物由镍钛合金制成，钛镍合金是一种轻质的钛和镍超弹性合金，广泛用于医学领域。该设备只有 5 毫米宽，15 毫米长，涂有 24 克拉黄金，以减少皮肤下的可见度。与直接将耳朵向后固定的传统矫正术相比，该项技术大大简化了手术流程。

Earfold ©治疗在想要矫正招风耳的孩子和成人中非常受欢迎。1% ~ 2% 的英国人口都受到招风耳的影响。Earfold ©的目标群体主要是七岁或以上的儿童及成年人。Earfold ©通过外科医生在耳朵上创建折叠区域，改变它们的位置和形状以使耳朵的突出角度变小，从而对突出的耳朵进行重新定位。这种治疗方式比传统治疗术更快，也更先进。

在咨询过程中，消费者可以与医生共同商讨并决定招风耳的矫正程度。之后，医生会在每只耳朵上使用一个或两个临时 Earfold ©植入物来改变耳朵的位置。如果消费者对临时效果感到满意，医生便会拍下当时的照片并记录植入器的位置，从而确定将来的永久性植入物能够安插在同一位置，给予患者理想的效果。

（2）文身祛除术。

磨皮和消痕面霜可能无法完全祛除整个文身，而侵入式治疗等方式可能导致疼痛或留下疤痕。Sk：n 所提供的激光文身祛除术则简单、安全。这项技术通过让激光产生的光线穿过皮肤，将文身墨水分解成微小颗粒。最后，身体自身通过免疫系统处理这些颗粒。这项治疗通常需要多次实施才能确保成功，每次治疗间隔最少需要 6 周。

文身使用的颜色及其大小和密度都会影响激光祛除治疗的适用性、治疗周期、激光种类、治疗效果。消费者可能只是想要淡化原本的文身，从而在此基础上设计新的形状。那么，与训练有素的专业人员讨论这些元素就显得至关重要了。在咨询过程中，Sk：n 的医生可以确保以安全和有效的方式为消费者清除文身。

价格上，非常小的区域［（1～3）×（1～3）cm］，85 英镑起；小区域［（4～8）×（4～8）cm］，150 英镑起；中级区域［（9～15）×（9～15）cm］起价 245 英镑；大面积区域［（16～20）×（16～20）cm］起价 385 英镑。

（3）痤疮治疗。

Sk：n 每年治疗 4500 名痤疮患者，对痤疮的病症与治疗方法了如指掌，拥有 20 年的治疗痤疮的经验。

在前往诊所就医之前，消费者会接到诊所打来的电话，了解问诊前应当注意的问题，如是否需要卸妆、停车信息、痤疮治疗贴士等。在咨询过程中，痤疮治疗医生会询问痤疮为患者所带来的影响、用药史，以及正在或已经接受过何种治疗。紧接着，医生会为患者卸除妆容，并使用皮肤扫描仪和冷光放大镜来评估患者皮肤的痤疮具体状况。

医生会根据患者的情况制定专属解决方案，并安排定期进度检查。他们会依据患者的需求来决定所使用的治疗方案与价格，医生咨询单价 100 英镑起，痤疮单次治疗价格 150 英镑左右，6 次的完整疗程约 700 英镑。并检查计划是否符合患者的期望，及时做调整。患者开始治疗的 12 个星期之后，诊所通常会安排一次评估流程，目的是让患者过渡到皮肤维稳计划，让痤疮状况稳定下来。

（4）激光脱毛。

自 1990 年以来，该连锁在伦敦和英国各地的诊所实施了超过 200

万次治疗。Sk：n 的毛发永久性祛除率高达 90%，为患者提供安全的环境、严格的医疗协议与免息贷款。

所有肤色都可以通过激光脱毛来治疗，医生会调整激光以适应患者的毛发和皮肤类型。因为激光在深色皮肤中会更加深入并绕过皮肤中的黑色素，医生会为较暗的皮肤类型采用波长较长的激光，从而避免灼伤皮肤。

激光脱毛对黑毛发的人最有效。在咨询过程中，患者会接受贴片测试，医生不仅可以借此选择适合患者皮肤类型的正确激光，还可以精确校准以获得最佳效果，同时始终确保最高的安全性。

激光脱毛是安全和有效的，任何患者不需要毛发的部位，只要其黑度能够被激光治疗范围所接受，即使是敏感区域也可以采取该治疗。目前 Sk：n 提供的激光脱毛服务部位包括面部、耳朵、下巴、脖子、肩膀、背部、胸部、腋下、乳头、手臂、手掌、手指、腹部、比基尼部位等，该治疗对含更多色素的深色头发最有效。价格上，比如上唇单次治疗 85 英镑，6 次治疗费用 408 英镑；腋下单次治疗 105 英镑，6 次治疗费用 504 英镑；腿部单次治疗 315 英镑，6 次治疗费用 1512 英镑。

（5）推出自家护肤品牌。

英国皮肤诊所 Sk：n 已将其皮肤病学专业知识应用于一系列新的护肤产品研发，该系列产品分为五个系列：清洁和去角质、抗衰老、淡斑、矫正、修复和保护。价格从 12.5 英镑到 35 英镑不等，在 Sk：n 诊所和大型 Boots 商店销售。

清洁和去角质系列含有维生素 A、C 和 E 及来自月见草油的保湿脂质，旨在维持皮肤湿度的情况下让皮肤更加清爽。这一系列产品包括正常/混合性皮肤洁面乳、干性/敏感性皮肤洁面乳、油性皮肤洁面乳，以及正常皮肤和油性皮肤去角质洁面乳。

Sk：n 的抗衰老系列产品含有带 SPF30 的保湿霜、适用于年轻肌肤的年龄延缓霜、成熟/晒伤肌肤护理霜、亮白紧致眼霜、颈部紧致霜和护手霜，这些产品均含有衍生自高山玫瑰的抗氧化剂、对抗自由基的维生素 C 和 E、刺激透明质酸和胶原蛋白生产的抗衰老肽、调节细胞更新的维生素 A，以及保湿成分荷荷巴油和乳木果油。

据 Sk：n 资料显示，其对抗痤疮系列产品含有专门抗痤疮致病细菌的独家成分，该系列产品包括适用于油性/暗疮皮肤的皮肤保湿剂、修复精华、淡斑控制洗液、毛孔收敛精华等。

修正系列产品包括抗红面霜和增亮霜，以及传统上用于 Sk：n 诊所术后处理、舒缓晒伤皮肤的防晒霜与芦荟凝胶。

Sk：n 皮肤护理系列产品采用颜色来区分种类，并使用简单的术语来帮助消费者了解产品的用处，同时附上小宣传册，从而进行患者教育，让他们了解该系列中的不同产品，以及这些产品中的成分，如何解决他们具体的皮肤病学问题。

（6）全新移动营销策略助力诊所盈利。

由于采用增强型广告系列的新移动战略，Sk：n 诊所的电话咨询率增加了 42%。过去，Sk：n 诊所使用付费搜索优化来提升访问量，指导潜在客户访问网站，填写在线表格，获取免费咨询。然而，用户通过手机访问该诊所的概率仍然很低，这很大程度上都是因为该品牌缺乏基于移动端的导流方式。另外，在选址上，Sk：n 诊所也多集中于繁华商场或者市中心位置。

Sk：n 委托其代理机构 Net Media Planet 在无需专门重新搭建手机端网站的情况下，改进来自移动付费搜索的访问。Net Media Planet 的第一步是创建了“点击即通话”项目，用户只需从搜索广告中点击一下就可以直接连接到诊所顾问。消费者被直接导向拨打电话，而不是访问该网站，而广告消息则是为了说服他们立即致电而定制的。

Sk：n 在 AdWords 界面中使用广告轮播，并设置广告投放时间，点击通话广告项目针对现有的移动广告系列进行了拆分测试。结果显示点击通话访问率是标准移动广告的 26 倍，而点击通话移动广告系列的咨询访问，是所有搜索渠道的 2. 2 倍。

这些数字清楚地表明了移动技术对 Sk：n 的业务的重要性，Ad-

Words 增强型广告系列的新功能简化 Sk：n 账户并提高性能，尤其是通过移动设备。该团队首先使用历史性能数据来开发跨设备、时间、地点和人口统计的新定位策略。

Net Media Planet 的总经理 Sri Sharma 解释说："Sk：n 提供一系列解决个人求美的服务，移动技术使客户能够在方便的时间和地点来探讨个人的敏感问题。Sk：n 的大部分客户都是忙碌的上班族，重要的是，他们更愿意与医疗顾问交谈，而不是填写网站表格。手机为客户提供了一种与 Sk：n 相连的便捷方式。"

（三） 美国标杆型的医美连锁品牌——SonoBello

索诺贝洛（SonoBello）是美国标杆型的医美连锁品牌，目前在全美已经拥有 50 + 的连锁机构。在欧美国家，抗衰、塑形的项目非常受欢迎，作为一家成立 10 年，以此为特色的品牌，它有哪些特色项目？创始人托马斯·加里森（Thomas Garrison）的经营理念是什么？

1. 经济危机中崛起的索诺贝洛

索诺贝洛（SonoBello）最初由托马斯·加里森教授在 2008 年倡议发起，这一年正值全球经济危机。尽管面临严峻的经济形式，SonoBello 迅速崛起。Sonobello 源于意大利语，意为"美丽、漂亮"，目前该机构总部位于华盛顿州，专业从事美体塑形，且已在全美超过 25 个州拥有 50 多个连锁机构。

托马斯·加里森教授目前是美国医学与整形美容外科协会副会长，更是一位成功的企业家。他是 SonoBello 创始人兼首席行政官，也是全美顶尖的急诊医师之一。

从简历上看，托马斯·加里森教授 1978 年从犹他大学（University of Utah）获得理学学士学位，1982 获得健康科学统一服务大学（Uniformed Services University of the Health Sciences）医学博士学位。毕业后曾担任了 5 年美国空军飞行外科医生，并在 Intermountain Health Care 系统的急诊医学工作多年。

随后，他在高级激光诊所（Advanced Laser Clinics，LLC）担任了近 3 年医疗主任（Medical Director），在美国激光中心担任了近 3 年医疗主任。此后历经多次创业并创办了多家公司，于 2008 年倡议发起了 SonoBello，并于 2011 年担任该机构首席医疗官（Chief Medical Officer，CMO），至今在该公司担任首席行政官（Chief Administrative Officer，CAO）。

2. 三大竞争优势：规范化管理 + 医生团队 + 连锁模式

Sonobello 的商业模式更多是依靠其已成规模的全美连锁化经营，愈趋完善的服务体系，以及打造专业医生团队。规模化的连锁经营模式，更有利于品牌的打造和推广，使营销成本得到分摊，通过规范的管理吸引更多患者，相比单一诊所，能够有效降低推广成本且更容易获得患者信赖。

（1）规范化的管理体系。

Sonobello 目前已有 25 个中心通过 AAAHC 认证，AAAHC 为美国门诊医疗认证委员会（Accreditation Association for Ambulatory Health Care），成立于 1979 年，旨在鼓励和协助门诊医疗机构以最有效和经济合理的方式为接受者提供最高水平的医疗服务。

AAAHC 每年对标准进行审查和更新，确保适应医疗保健领域的最新趋势和技术。通过认证者每 3 年需再次认证，不符合规定的仍然会延迟或拒绝认证。AAAHC 通过该项认证体现出 Sonobello 管理的规范化和合理性，对于提升品牌力、获得患者认可也起到了极大的帮助作用。

（2）医生团队。

Sonobello 坐拥百名医学美容领域专业医生，目前在全美各州连锁机构共凝集了 117 名专业医生，所有医生累计至少获得 24 种类型（如塑形、外科、耳鼻喉、整容等）的专业资格认证（Board Certificate），分别为：84 名医生获得美国整形外科委员会（American Board of Plastic Surgery，ABPS）资格认证，占医生总数 49%；24 名医生获得美国外科委员会（American Board of Surgery，ABS）资格认证，占医生总数 14%；15 名医生获得美国耳鼻喉科委员会（American Board of Otolaryngology，ABOto）资格认证，占医生总数 9%；6 名医生获得美国美容外科委员会（American Board of Cosmetic Surgery，ABCS）资格认证，占医生总数 4%；6 名医生获得美国面部整形与重建外科委员会（American Board of Facial Plastic and Reconstructive Surgery，ABFPRS），占医生总数 4%；其他各类情况占比 21%。

专业资格认证（Board Certificate）不同于普通的执业医师资格证，拥有执业医师资格证只是证明有资格当医生，而有专业资格认证（Board Certificate）就说明医生在某个领域已属于专家级别。

美国部分大型医疗机构，在招聘科室主治医生时，就会要求医生必须具有该领域的专业资格认证。Sonobello 凝集的医生团队、权威性和细分化的专业资格认证，为其持续良性运营、提高医疗市场竞争力，以及增加用户黏性，都提供了强有力的保障。

（3）连锁经验。

Sonobello 的服务体系，体现在公司中的每个人都有权与首席营销官（CMO）或 Sonobello 的管理机构就任何问题进行沟通。这有利于及时和高效地解决患者疑问和纠纷。根据一项内部调查，95% 患者对其就诊结果表示满意，另有 5% 需要进一步沟通，这个比例在全美极具竞争优势。在收费上，公司还与 CareCredit 信用卡账户合作，患者可分期付款，有多重经济实惠的付款方式。每次手术之前，医生都是耐心进行术前的辅导和个性化的解决方案的制定。

另外，整形美容具有一定的消费属性，公立医院的定位主要是以伤残病等需求为主，无营销推广，服务意识相对弱于民营机构。高质量的服务得益于医生，Sonobello 细分化的专业医生团队，以及医生多点执业，容易吸引更多患者。

医学美容是科学与艺术的交织，医美需要大量的教育和实践，而专业化是成为行业领军的唯一途径。Sonobello 的医生团队已完成了超过100，000 次激光辅助吸脂手术，为患者提供了高满意度的服务。“在过去十年中，我们已经成长为美国最大的医美连锁，这在很大程度上要归功于外科医生和杰出支持团队的辛勤工作和专业知识。”Sono Bello 总裁Tom Barr 说。

3. 业务领域

Sonobello 的医生团队已完成了超过 100，000 例手术，拥有非常丰富的实践经验。其主要提供“TriSculpt™激光吸脂、Venus Freeze™，以及冗余皮肤去除”三大服务来实现塑形和美容目标，尤其适用于饮食和运动无法有效解决的情形。

TriSculpt™微激光吸脂（TriSculpt Micro - Laser Lipo），该技术主要包含“保持清醒的局部麻醉，动力辅助吸脂和微型激光辅助吸脂”等步骤。微型激光器很小，可以触及以往难以治疗的区域。这项技术还可以刺激胶原蛋白的形成，以帮助收紧皮肤，为治疗区域带来平滑的外形。

Venus Freeze™该技术是获得美国 FDA 批准的非手术复位技术，该技术无痛、不出血、不留疤、无恢复期，并且能让患者体验到温和的按摩感。某患者为期 4 个月治疗前后的脂肪层厚度由 7.2mm 下降为5.4mm，如图 4 - 12 所示。

冗余皮肤去除（Excess Skin Removal），Sonobello 使用 TriSculpt E/X™去除患者的多余皮肤，该技术主要是去除剩余的松弛和略微下垂的下腹部皮肤。

上述技术的侵入性远远小于传统吸脂手术，并且也大幅缩短了治疗时间。这些技术既适用于女性，也适用于男性，还可治疗人体多个区域、部位，包括下巴、腹部、背部、胸部、手臂、腰部和腿部等。

对于未来，Sonobello 期待将引进更先进的技术、开设更多的门店，

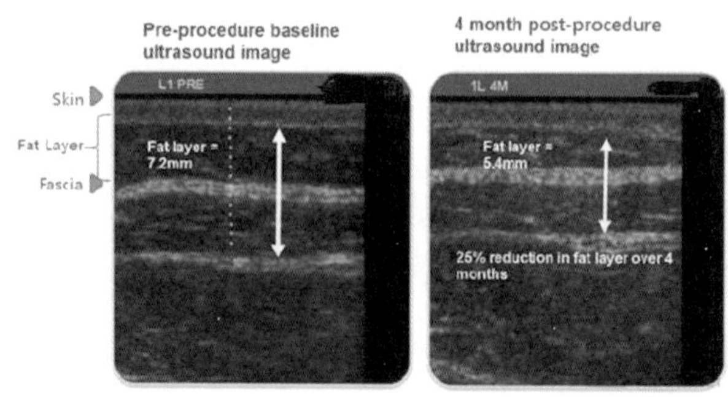

图 4－12　患者为期 4 个月治疗前后的脂肪层厚度的变化

以及增加服务满意度。

二、 国内标杆

（一） 从流量平台到深耕专业服务领域——医美 App 新氧

2018 年 10 月 15 日，在第二届美业大集年度峰会上，新氧创始人兼 CEO 金星在会上发表演讲，动脉网将金星演讲的主要内容总结为两点。

（1）卖流量曾经是个好生意，但在未来，不能衍生出专业服务能力的纯信息匹配平台将会被淘汰，有三点理由：

①流量去中心化，这是一个不可逆转的趋势。以前大家在网上找东西都是通过搜索引擎，但是今天大家上网会打开各种各样的 App，甚至有人现在可以自生产流量，这是很可怕的事情。

今天我们看到，越来越多的媒体平台给大家提供了各种获得流量的手段，比如开个微信公众号、微博、抖音、头条等账号，或是发个朋友圈，都会产生或大或小的流量。如果说通过搜索引擎是收过路费，因为只有这一条路，那么未来会有很多条路，怎么还能再收过路费？如果每个人家里都能自己制造石油，那石油还值钱吗？显然不值钱了。

②流量平台始终在变迁。今天很多流量平台如日中天，但流量在过去有很多不同的名字。在电视为王的时代，它叫作收视率；在纸媒的时代，它叫发行量。所以，在过去的二十年里面，从最早的电台、报纸、杂志，到后来的门户网站、博客、社交网站，你仔细去看，流量的平台其实一直在变迁，没有哪一个平台能长盛不衰。过去如此，未来也是如此。

③消费者的需求在升级。流量生意是什么？就是你把信息放到这个地方，让我过来看。这在过去信息非常稀缺的年代，是值钱的。但是今天是一个信息爆炸的时代，信息已经不是碎片化，而是粉末化。今天的信息不是太少，而是太多，铺天盖地的信息。所以消费者不再需要一个单纯信息的流入，我认为单纯地卖流量会越来越萎缩。

（2）服务业在中国即将进入到一个大爆发的阶段，拥有专业的服务能力，将成为企业的竞争壁垒；流量易逝，服务永生。在未来，不能衍生出专业服务能力的纯信息匹配平台将会被淘汰。

什么叫专业服务能力？比如最早的滴滴是对出租车开放，你想打车，他告诉你周围有哪些出租车，你自己去打，这是信息的匹配。但是到后面滴滴做了专车，专车司机是他自己招聘、筛选、培训、发工资，连用什么车都有标准，整个一套服务标准都是打通的，这就是在提供专业服务。所以这就是从单纯的信息匹配，过渡到专业服务领域。

最早的美团点评，上面有很多餐厅的信息，那是简单的信息匹配。但是今天在美团点评体系里，超过60%的收入出自外卖。美团的团购和外卖，一个提供的是信息匹配，另一个提供的是专业服务。

类似这样的例子非常多，包括二手车电商平台，动辄融资十数亿美金。为什么这些二手车电商这么值钱？因为他不是单纯去做信息匹配，而是开始去做服务。

这是一个趋势。如果你今天还用传统的思维，像那种信息的匹配，可能已经是上一个时代的思维。比如美团做打车，当时很高调，万众期待，但为什么很快就偃旗息鼓了？因为打车这件事，特别是专车这件事，它不是一个流量的生意，即不是一个单纯的信息匹配，它是一个专业服务。这个专业服务是需要专业人才去不断地积累，然后需要用时间去打磨，从而构成和加深企业的护城河。

未来的商业社会会变成什么样的时代?

未来的商业社会，是一个新服务时代。

未来每一个人，都会在不知不觉中接受很多人的服务，包括外卖小哥、快递小哥、滴滴司机、家政保姆、房屋管家、房产中介、各类培训平台、美业平台等。一个人在日常生活中，不知不觉地被很多人提供着服务。我认为这就是未来商业的一个趋势，即每一个人都在享受很多人的服务，而且每一个人也同时在服务着别人。

对于个人是这样，对于企业来讲也是这样。未来一家企业会有很多公司来为他做方方面面的服务，比如 Nike、阿迪达斯等大品牌，在几个核心要素里面，包括设计、生产、销售，都存在外包的现象。

如果一家卖鞋的公司，设计、生产、销售都是外包出去的，那这家公司是一个什么公司？核心竞争力是什么？其实就是在用一个品牌，就是在用自己的企业文化，其他一切都是外包出去的，我们认为这是未来企业的一个雏形。

我认为，服务业在中国即将进入一个大爆发的阶段。当一个国家经济发展到一定程度之后，第三产业必然崛起。在一个国家里面，第三产业通常应该占到 70% 以上 GDP 的比例。但是中国的 GDP 现在大部分还是靠房地产、制造业支撑，所以从这个角度来看，中国的整个服务业即将迎来一个大的发展阶段。

新氧其实是一家专业服务公司，花很多时间精力去做一些医院、医生、厂商都不太会去做的事，比如美学体系、图形图像处理、AI 问诊、全手术项目的术后护理日历、医美百科、设备库、材料库、药品库、用户调研、新媒体宣传、融资租赁等。

我们知道很多产品做出来后，会被一些公司复制，但我们仍然愿意花大量时间去做一些大家不太愿意或不太在意的事情。因为我们认为这些东西如果做好是很重要的。

很多人希望整个行业能够回归医疗本质，但这却难以做到，因为当一个医生要花大量时间去思考怎么去竞争、怎么去推广的时候，他不可能回归医疗本质。

所以，新氧要成为一个专业的服务者，让医生把时间精力用在医学技术的提升上，机构把精力花在精准的定位和内部管理上，厂商集中精力去搞研发，中间的产业连接服务交给新氧来做，因为我们更专业。

如果把医生、医院、厂商比作天上的繁星，那么新氧是什么？物理学家研究发现，仅靠星系团中可见星系的质量产生的引力，是无法将其束缚在星系团内的，因此星系团中应该存在大量的暗物质，去保持天体的稳定。

所以我们希望能够变成医生、医院、厂商这些繁星间的暗物质，可能会让人感觉不到，但我们希望在繁星之间去做连接，形成熠熠生辉的稳定结构。

行业形成合力，终端还是要服务于消费者。因此，新氧的使命是面向消费者提出的，我们要“让每个人更美更健康”。听起来是特别大的口号，但我觉得一家公司的使命，就好像一个人的梦想一样，不被人嘲笑的梦想是不值得被尊重的。我们希望这个使命能够指引我们前进的方向。

新氧首批招募100位专业人才，由互联网公司向医疗公司转型，把自身打造成为专业的服务型企业，并且促进整个行业回归医疗本质；在3~5年后，新氧内部专业人才占比要达到30%~50%。新氧以“让每个人更美更健康”为使命，为用户和顾客提供温暖而专业的服务。

（二）医美“星巴克”——繁星

繁星轻医美是一家轻医美明星品牌，立足西安，不打传统广告、不做美容院渠道客户。2017年，国内经正规渠道销售的注射类医美产品超过了1000万支，非正规市场的销量是正规市场的2~3倍，而繁星则立志要改变这种现状。

这家只关注微整形和面部年轻化的轻医美机构，有什么特色？繁星轻医美创始人刘腾飞，给动脉网分享繁星是如何利用互联网方法论，服务更加看重品牌和服务体验的新一代年轻求美用户，做医美界的“星巴克”。

1. 两个维度看医美产业：发展窗口期

医美依然是一个增量市场，处于早期跑马圈地的过程，判断一个产业的前景有两个维度，一是行业是否存在增长红利；二是并购的红利，而医美这个市场两者兼备。

具体来说，首先，科学变美观念已经深入到年轻的“80后”“90后”心中，他们对于医美技术的信任和接受程度也越来越高。现在黑诊所的规模其实是正规机构的2～3倍，供不应求，当国家从政策上开始严控和打击黑诊所之后，这部分用户会回流到正规医美机构，这也是推动医美行业持续增长的重要原因之一，这就是我们的机会。

从投资并购的角度来看，国内品牌认知度较高的轻医美机构，其实没有几家，而且医疗服务业地域属性较强，一家独大的可能比较小，大家都还处于借助资本的力量，进行行业内并购整合的早期阶段。

不同于其他医美机构，从“北上深广”等区域开始布局，繁星轻医美直接从西安开始。

早在2016年就筹备进军西安市场，西安、重庆和成都这样的热门城市，女性的消费能力其实一点都不差。轻医美机构覆盖的半径和密度都要远远大于传统的整形医院，从二线城市进入，在医美执照获取、成本上，也会有冷启动和快速扩张的优势。

繁星轻医美的诊所和产品包装都是高颜值的网红风格，在产品的宣传上，不像其他机构用88元体验脱毛、800元一支特价玻尿酸等噱头，吸引消费者到店，之后再推荐给消费者远远超出自身需求的产品，这种体验其实是非常差的。

繁星是用“北上深广”一线城市的服务标准和品质、更有竞争力的价格，打动消费者。用“短平快”的爆款去做线下医疗服务行业，才会迅速占领年轻用户心智，获得很高的口碑和回头客。

2. 标准化模式扩张：做医美界“星巴克”

目前，繁星轻医美的项目主要分为四类：医学美肤、抗衰老年轻化、微整精雕塑形和光电射频。两家门店均有当地卫生局颁发的《医疗机构执业许可证》，操作均由正规执业医师完成。单店开业 3 个月即实现盈亏平衡，选址多在商圈、优质社区附近。

3. 在装修风格上，轻奢精美

繁星的服务都是明码标价，消费非常透明，所有医药用品均为正规进货渠道，均经过国家食品药品监督管理总局（CFDA）认证有批号。

医美虽然接受度越来越高，但依然是轻奢型的消费，而且重决策，消费者不会仅因为一家机构便宜 100 元，就去冒险在脸上去打针。对于综合整形医院来说，微整和皮肤科通常都是被拿来引流的，但消费者在真正面临选择的时候又不会单纯地只看价格，重决策消费考验的是综合服务能力和性价比，价格战还不到时候。

在标准化 SOP 的建立和会员管理上，繁星更多地去学习星巴克；在产品的包装和定位上，从互联网的角度学习小米；而在服务细节和流程的把控上，更多是去学习海底捞，集各家之所长。

在繁星轻医美的运营中心，传统医美行业的人员占比会控制不超过 20%，剩下的 80% 都是跨界具有互联网经验的年轻人。不破不立，繁星跟传统医美医院理念思路和定位完全不一样，虽然短时间传统的获客方式，比如美容院渠道可能会带来业绩上爆发式的增长，但繁星认为这是畸形和不可持续的。

目前，繁星轻医美还没有进行传统的美容院渠道的合作，而是主打高性价比、高颜值、高品质的，利润会直接让给消费者。繁星轻医美也从不打电梯、公交及电视广告。有专业电商运营团队做线上，如大众点评、新氧、抖音等，也有一些线下的机构，如月子中心、银行、汽车4S店等进行常规性的异业活动。

在建立标准化过程中，结合具体的经营情况，繁星轻医美做了很多探索和修正。大型整形医院动辄三五千平方米，人员配置两三百人，这种重资产模式很难快速去异地复制，管理成本也很高。繁星的诊所单店模式走的是高效小团队的模式，医生、护士、前台、咨询师，以及运营院长加在一起控制在10～15人。

另外，繁星轻医美还将营销、获客等职能部门剥离出来，不放在同一家诊所里，而是放在运营中心，未来每个省繁星都会建立一个运营中心，覆盖省内的5～8家线下的诊所。单体诊所由运营院长来负责单店的日常管理运营，获客是由总部的运营中心不断去输送导流，运营院长只需要把进来的消费者服务好，做好留存和促活就行了，繁星的管理架构是非常扁平化的，这在行业内是一种创新，极大地提高了单店的运营效率。

在组织架构上经过摸索和改革之后，繁星轻医美具备了快速复制扩张的标准化前提和基础。目前来看，繁星方向是好的，立足医疗服务的本质，在实际的管理操作过程中，繁星也发现这样的管理形式确实非常高效，运营中心和轻医美诊所的协同达到了机构的效率最优化。

目前在国内资本市场上，医疗专科连锁A股上市的爱尔眼科和通策医疗都表现强劲，有数百亿的估值，刘腾飞认为："未来5年，轻医美连锁也会是百亿俱乐部的一员，因为它具备了高频高价的属性，具备了快速连锁扩张的条件，而且轻医美把占据了医美行业70%的微整形和皮肤的项目单独独立出来，有选择性地舍弃了剩下30%较为复杂和难标准化的外科类项目。"

但刘腾飞也表达了对于市场稍显混乱的一种看法，"轻医美现在快成了被用滥的一个词，很多皮肤管理中心、美容院，也改个名字叫轻医美，我看待这件事情心态其实很平和，这是行业洗牌期必须要经历的阵痛。我们也没有在宣传上严格区分生美或者医美，我们始终认为用户需求应该是企业放在第一位去考虑的，用户不需要了解什么项目是生美，什么属于医美，用户只是单纯想要解决某一类问题。”

4. 繁星轻医美给自己的定位是“有医疗执照的美丽空间”

刘腾飞说：“星巴克创始人霍华德·舒尔茨第一次提出了第三空间概念，在家、工作之外，星巴克是集休闲、社交的第三空间，而繁星希望自己成为所有爱美女性的第四空间。在繁星你不仅可以得到全方位专业的轻医美服务体验，作为会员，你甚至可以免费享受繁星的会员福利——美甲和彩妆服务，我们希望你能在这里完成美丽蜕变，找到更自信更完美的自己。”

至于未来两年的重点计划，刘腾飞说：“繁星轻医美将围绕两点去布局和死磕，一是可持续性的低成本获客能力；二是单店模型的复制能力。满足这两点等于打好了基本功，繁星未来是有机会做成像爱尔眼科一样100家连锁规模的医美机构。市场在呼唤有温度、有个性的轻医美品牌。”

（三） 医美信息头部入口——医美 App 更美

对于医美这个低频、高客单价的行业来说，获取流量的成本越来越高已是不容置疑的趋势。这时，入口级的医美平台价值凸显。

互联网医美平台带来的好处一方面是教育客户，提高行业的透明度，另一方面则是降低获客成本，为医疗机构减负。

更美从2013年成立至今，一直受到了用户和资本的肯定。它如何从众多 App 中脱颖而出？动脉网从五个角度分析了更美的成功之道。

1. 面向用户：更美是医美信息头部入口

医美讯息良莠不齐，这一直是行业的顽疾，一些求美者为此走了不少的弯路。

通常情况下，用户在查询医疗美容信息时，习惯使用搜索引擎搜索，可是过度的营销，往往会失去信息的透明度和真实性。

反观更美 App，用真人“整形日记”为用户提供决策（已有 280 万的真人整形日记），如图 4－13 所示。这些日记由专业医生答问，并由系统对医美信息进行分类整理。使用时，用户想了解哪个项目，进入相关板块即可。

2016 年，更美上线了直播功能，帮助用户更高效地做出正确决策，并可直接在更美 App 上完成下单。

图 4－13　更美平台拥有 280 万真人整形日记
（图由北京完美创意科技有限公司提供）

本着对用户负责的原则，更美上线的“美购”（更美 App 上功能板块）会经过严格的审核。首先，更美会实地考察医院和医生的资质，严格保障平台入驻机构均合规合法。

平台医生必须具备《医师资格证》《执业医师证》和《医学美容主诊医生资格证》。在更美 App 上的用户还可以通过“验证药品”和“医生查询”验证真伪，让用户放心。

如果用户和医院出现纠纷，更美会在第一时间做好调解工作。针对整形失败的用户，更美提供先行赔付服务和法律支持。目前，更美上线的意外险，覆盖了 90% 以上的医美项目。消费者开通 VIP 会获赠“效果险”，用户对整形效果不满意，符合条件时可获得对应保险赔付修复补贴。

最后，针对囊中羞涩的年轻用户，更美还上线了医美分期业务，让用户可以先变美，后付款。

正是因为更美为用户搭建好了这些基础规则，构建了一道牢固的护城河，才牢牢吸引住用户，产生更多的医美信息量。

2. 面向医生：更美成为医生 IP 孵化器

医生 IP 是指“专业技能过硬，具有个人魅力，能通过技术、案例和服务态度长期吸引用户并形成二次口碑传播，最终能实现其个人、所服务机构和入驻平台多重商业价值的医生个人品牌”。

更美用户发布的日记是兼具社交与商业价值的 UGC 内容，通过这些 UGC 内容，消费者能判断并寻找到优质的医院和医生。

医生通过 UGC 内容吸引客流，相比传统渠道成本更低，同时也会让医生有更多时间和精力关注手术质量。平台、消费者和医生在这里各取所需，形成了良性循环。

更美 App 整形日记平均转化率达 30%，有些医生 IP 客户的优质日记的转化率高达 42.5%。

目前，更美打造了超过 1000 名医生 IP，如图 4－14 所示，并为每名医生找准自己的定位，如韦敏擅长颅颌面整形、栾杰擅长胸部整形、李勤擅长鼻部整形，将他们打造成各个领域的明星专家。

图 4－14　更美名医 IP 团（图由北京完美创意科技有限公司提供）

除去整形日记，医生还可以主动在更美社区回答用户提出的医美疑问，点赞数高的医生答案将被标记为精华答案。

这种知乎式的运营模式将像产生知乎大 V 一样产生医生大 V，也就是医生 IP，而且在更美 App 上判断一名医生是否优秀是根据服务质量和用户口碑。

医生还可以在更美平台进行直播，比如直播手术过程或解答医美疑惑等，拉近与用户的距离，让用户更好地了解医生。

此外，更美每年还会举办青年医生大赛、名医大赏等，选出优秀的医生。现在更美获得了包括八大处、上海九院、广州南方医院和西京医院等医院的行业大咖们的大力支持，平台已经入驻 7000 多家医美机构和 10000 多名医生。

3. 面向机构：大数据助力移动医美掘金

移动医疗发展会产生大量的数据，通过大体量的医美数据沉淀，更美可以帮助线下医美机构轻松掌控最新的医美风向标。

2017 年，更美 App 开放 KA 商家，专享更美大数据库，并承诺 ROI 不低于 1:4，在 2017 年发布的八大仪表盘，如图 4－15 所示，将助力商家掘金移动医疗。

KA 商家即更美的重点合作商家。KA 商家与更美平台签订年度合作协议，更美在线上获客、平台运营、营销策划等方面对机构进行全方位的指导服务。

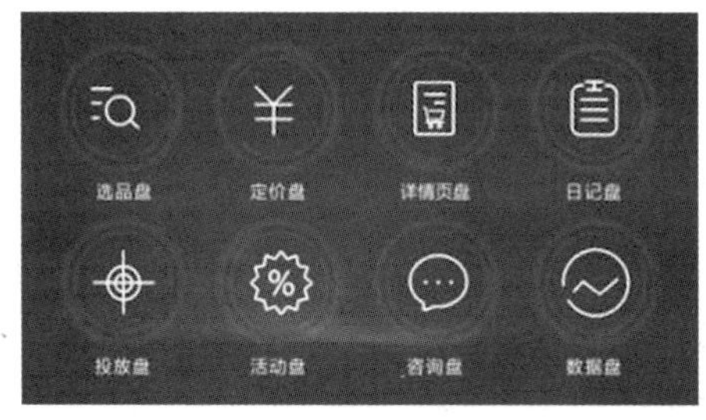

图 4－15　更美八大仪表盘（图由北京完美创意科技有限公司提供）

按投入营销费用不同，KA 商家分层也不同，最高投入 600 万元，可产出 2400 万元销售额。若商家 A 投入 600 万元营销费用，更美承诺产出销售额达到 2400 万元。若实际完成 1200 万元，则更美会退还商家营销投入费用 300 万元。

八大仪表盘包括选品盘、定价盘、详情页盘、日记盘、投放盘、活动盘、咨询盘和数据盘。

选品盘旨在抢先发现潜力项目，占据市场先机；定价盘旨在监控竞品价格波动，快速调整；详情页盘能评估页面各版块的内容质量，对比同类美购转化效率；日记盘指的是能查看每篇日记转化效率，KA 商家可以为高转化率的日记自主申请曝光位置。

另外，投放盘能清晰盘点 App 内各曝光位置效率和价值，辅助判断后续投放策略；私信盘能实时监控私信内容和转化率，生成个性化私信机器人；数据盘是指 KA 商家可对用户页面浏览、咨询、下单、支付、预约、验证一整套流程下来产生的所有数据都能做到一目了然。

4. 面向资本：腾讯复星等投资方带来流量和资源的强大支持

2016 年更美完成 C 轮融资，这是中国医美行业历史上为数不多的一笔大融资。

此轮融资更美引入了多家不同背景的投资人，包括腾讯、复星、君联资本、中信建投及多家上市公司，再加上此前的老股东经纬、红杉、维梧、华兴资本等，更美已经将中国一二级市场里医美互联网主流投资者及优质资源串联在一起，如图 4－16 所示，为整个行业提供更有价值的服务。

图 4－16　更美历史投资方

凭借合理及可验证的商业模式，整合消费者、医疗与商业的运营能力，更美成为维梧资本在中国的第一个投资项目。维梧资本管理着超过十亿美金，致力于建立生命科学和医疗健康领域高品质企业。

随着国内知名光电仪器品牌飞顿的母公司及国际光电仪器厂商中国最主要代理方复星医药，以及同样在医疗产业有深厚布局的红杉、维梧、君联等投资方的加入，未来更美将向所有线下机构免费提供全线光电设备，只需要按照实际业务分期支付，就会节省掉诊所先期投入成本。

5. 面向未来：升级品牌抢占增量市场

身处信息爆破时代，如何吸引和留住用户，并提升用户体验，成为每个移动互联网从业者需要思考的重要课题。

作为交易额、用户数、合作医生数都处于行业优势地位的更美App，已率先进行品牌升级和大规模品牌推广，迅速抢占流量红利，占领新生代整形用户心智。

2017 年 5 月更美升级了品牌理念“人生不是天生”，并推出了全新品牌广告《人生不是天生》，揭露了颜值社会里都市女性面临的压力，鼓励她们直面人生，把握命运。

这则广告出现在纽约时代广场，花费数千万，投放了热播剧《欢乐颂 2》片头，也在北上广等 50 个城市户外广告完美实现“霸屏”。

在社交网络上，《人生不是天生》视频通过微博、微信等渠道进行推广，微博的讨论量一夜之间增加了超过 20 倍。在腾讯视频、秒拍等平台的播放量已超 1000 万。

（四） 打造医美线上线下结合模式——医美 App 悦美

2012 年上线，到 2018 年，悦美激活用户超过 2300 万，商城合作超过 6678 家医疗机构，注册整形医生超过万名、75% 的医生拥有自己的服务 SKU，社区 320 万用户帖，每年数亿人民币的交易规模。

为了建立更为流畅和高品质的用户体验，悦美搭建线上线下一体化闭环，2016 年，开始自建自营了线下医疗美容门诊部——悦美好医。门诊部拥有包括麻醉科在内的 4 个科室，在流量获取、医生共享、科室运营等多个环节实践着不同于传统医院的新型模式，并取得了可观的发展速度，并将实践经验反哺线上平台。

未来将进一步夯实线上线下结合的新型医美商业模式，成为集品质口碑规模于一体的医美集团。

1. 悦美发展的三个阶段

悦美是最早进入医美行业的互联网团队，2012 年上线，经历过三个阶段和几次商业模式的变化：信息门户、交易平台和线上线下结合阶段。

首先是信息平台，作为垂直门户立足于行业。同时悦美也是第一家做机构和医生认证、医患问答，以及用户分享社区的平台，填补了当时好大夫在线不做民营机构医生及不涉及整形外科的空白。今天这些产品都早已成为平台企业的标配。

后来悦美发现这个行业的本质是交易，网友不是来讨论兴趣爱好的，他们就是要知道去哪里整，找哪位医生整。机构要的是用户，不是单纯的品牌曝光。因此悦美开始做撮合交易，也就是大家熟知的转诊。

2014 年年底，悦美优化了这个交易模式，开发了移动电商产品——淘整形，然后逐渐迭代到今天大家看到的医美电商的样子。

第三个阶段是线上和线下并存的阶段。2015 年下半年悦美尝试跟公立医院医生合作，希望打造“公立专家服务”产品，作为平台品类的一个补充，并由此产生了建立线下实体的动机。最终 2016 年，悦美历时 9 个月自建了一家医美门诊部——悦美好医。到 2018 年 5 月，悦美是医美行业仅存的几家互联网平台之一，并获得了三轮融资。

最近的 10 年间，是互联网领域，包括医美行业，发生快速而深刻变化的一段时间，身在其中的企业都面临很多的挑战，平台型互联网公司也是风险最高的类型之一。今天悦美还远远谈不上成功，只是阶段性取得了一些成绩。

2. 洞察趋势，把握节奏

悦美创始人兼CEO向小琴谈到运营悦美最大的体会是，企业在发展过程中，面对最多的其实是不确定性，不变的往往就是变化。决定企业能走多远，以及终局的好坏，是对大趋势的把握，战略节奏要踩得上时代节奏，且不给自己设边界，再通过自己的努力去赢得机会。

回过头来看悦美这几个阶段的发展，都对应了互联网时代的几个浪潮，医美领域是这些浪潮里面最后波及的领域。

2006年好大夫上线，信息最不对称的医疗行业开始互联网化。2010年，美团成立，非标的服务行业开始电商化。2014年阿里巴巴开始布局线下，2016年正式提出新零售概念。很多互联网企业涉足线下业务，消费领域呈现更加多元化的商业模式和场景。线上和线下的边界正在变得模糊。

这些潮流背后有一个最大的趋势是，消费升级的发生。消费者的代际变化深深影响了行业的商业模式。“90后”，甚至“00后”消费者的崛起，这一代消费者对信息透明度的需求、对性价比的追求、口碑传播的模式都有了很大的变化。

消费升级所以能够发生，除了需求端的变化，供给侧的准备也比较充分：医生多点执业政策的放开，加大了有效医疗资源的供给，同时微整形技术手段也进一步普及。

识别出这些趋势，迭代自己的商业模式就成为必然选择，比如传统的转诊模式，我们认为销售方面仍然在很大程度上依赖信息不对称，同时对于销售线索的分发，人为因素过大，效率不够高，且产品形态不容易满足移动时代的要求，所以我们主动过渡到了电商交易模式。

3. 悦美如何塑造医生IP

悦美副总裁庄海丽分享悦美的医生运营模式，介绍到悦美的发展方向，悦美正在做和未来要做的，是通过线上线下融合的方式，系统化地解决医美行业的成本问题、品质问题，以及未来技术创新问题，成为集品质口碑规模于一体的医美集团。

悦美平台的医院合作模式是，帮助医院做品牌曝光和顾客转化到院。这是悦美的基础，悦美也将持续做下去。

悦美拥有线上线下一体化的医生共享平台。悦美自 2015 年年底开始做医生经纪服务，打造了互联网医美医生运营模式，2016 年年底悦美自营门诊部——悦美好医开业。悦美医生经纪服务从筛选医生、确立合作、互联网推广医生、线上医生助理服务，到线下自营门诊部、管理医生，形成了一整套的医生共享体系。

医生分为全职医生、坐诊医生、预约医生三种类型。以坐诊医生和预约医生为主，这两类医生都是共享医院模式，医生大都为知名公立三甲医院的专家，多点注册在悦美好医。

打造医生品牌，打造人格化 IP，首先要有清晰的人设和明确的定位。所谓人设就是人物设定，就是你所设定的在用户心中的人物形象。这个词源自动漫，每一个动漫角色首先要有一个人物设定。成功的人设往往具有强烈特征的人格标签，优势突出，位置准确。位置就是你面向的顾客人群，是主流的年轻“90 后”整形群体，还是有消费实力的“70 后”年轻化群体。

很多医生对自己的定位往往并不清晰，也没有做过人物设定。悦美做的事情就是挖掘医生的特质，不夸张、不欺骗。不但要挖掘，还把它明确化，贴上标签，然后集中火力加以推广。

悦美会运营的医生做悦美站内和站外的品牌推广。悦美站内的推广，包括悦美 App、悦美网等。会运营制作专题页面、医生个人主页、医生线上项目、医生 UGC 内容，用户日记帖等一系列内容推广。用户浏览医生推广内容后，由线上医生助理做转化。不同于传统网电咨询师的是线上医生助理做的工作更偏重于医生的助理服务，针对性强，服务更全面。

同时进行站外推广，悦美目前是京东医美的战略合作伙伴，京东医美的项目由悦美提供，并与大众点评进行深度合作。另外，悦美还通过与数千位医美达人的社交媒体账号合作的方式，推广合作医生的项目，并以运营自己的新媒体号等方式精准化地为医生做推广。

用这样的方式，以悦美一位微创医生的运营数据为例。悦美的经验是三个月可以塑造出一位具备特质的医生品牌，UV 从无到三个月时达到 10 万数量级。经过精细化运营，第三个月可达到满负荷的治疗量。

4. 悦美一体化医生共享模式

在 2016 年年底，悦美自建了悦美好医门诊部来承接线上平台医生运营的落地服务，悦美好医在硬件配套、软性服务系统、医生管理系统的建设上，都做了很多探索性工作，实现了线上和线下很好地融合。

在医生的管理上，悦美经过实践，建立了一套从筛选医生，到合作确立，到主推，到降级、淘汰的管理机制，并且形成了一套筛选的标准。

为了让悦美的模式可以复制，悦美做了很多标准化的基础工作，悦美好医结合实际工作，制作了 18 本员工服务手册，总计约 17 万字。从组织结构，到人力资源管理，到培训，到医疗，到服务。这些手册每三个月更新一次。

5. 线下探索，反哺线上

悦美做线下实体这一年多来，踩了很多坑，也摸索了一些经验。总的来说，平台思维和产品思维是不一样的两种思维模式，有人讲到“超级用户”这个概念，悦美创始人兼 CEO 向小琴觉得说出了实体经营的核心。

悦美创始人兼 CEO 向小琴分享了一下她对于线下的几点思考。

（1）相对线上平台，线下重中之重是供应链的管理。供应链包括的因素有人、有物。人里面医生是最重要的要素之一。如何选择医生、管理医生的品牌、保持医疗团队的稳定性？医生最主要的三大诉求是名、利、成长，如何满足并平衡这些诉求是考虑问题的核心。

（2）定价。刚才我已经谈到价格的确定性对用户安全感非常重要。这个道理同样适用于院内价格体系。一个鼻整形，我们是用 10 个部位的复杂价格体系，还是用三种项目组合来报价？我们如何去平衡升单和价格确定性这两个因素？

（3）诊疗标准化如何实施，以及搭建连锁机构的组织结构如何优化？悦美好医的商业模式还并未成型，也还在探索中，但值得一提的是，悦美目前在医院经营中总结出了可复制的经验，比如用户数据分析，都会整合到平台的商家后台，以更好地帮助其他机构。

第五章

政策风险篇：医美行业护城河与风险

一、护城河：医美行业监管体系

（一）中国整形美容协会安全联盟成立

2017 年 12 月 21 日，中国整形美容协会联合《中国医疗美容》杂志社、更美 App、中国整形美容协会医疗风险管控中心在北京辽宁大厦举办了中国医疗美容安全信用峰会（以下简称峰会）。

在峰会上，中国首个医美信用联盟——中国整形美容协会安全联盟宣布正式成立，并公布了 105 家首批安全信用认证机构和 91 位首批安全信用认证医生。安全联盟的建立旨在加强医疗美容行业的自律建设，建立规范有序的整形美容市场秩序，提升行业整体信用水平，建立优秀医生和优质医疗机构的第三方风险评估与安全信用评价认证体系，促进整形美容行业健康有序发展。

1. 非法医美成行业发展最大阻碍，安全信用评价体系成多方所期

随着近年来中国医美市场的迅猛发展，丰厚的获利吸引了大量无资质认可的非法医美机构铤而走险，从中获取高额利润。安全性是用户决策第一考虑要素，非法医美成为中国医美行业发展最大阻碍。

卫生健康委医政医管局副局长郭燕红在峰会上表示：质量安全是医疗行业的生命线；对于医疗美容行业，维护服务对象的身心健康、医疗服务的质量安全，既是维护人民群众健康权益的重要内容，同时也是保障医疗美容行业能够健康可持续发展的重要内容。

国家卫生健康委对医疗美容行业的规范化、可持续发展高度重视，颁布实施了《医疗美容服务管理办法》和一系列相关标准、技术规范。

2016 年颁布实施的《医疗质量管理办法》也同样对医疗美容机构的质量安全管理提出了要求。同时，办法中也强调了政府卫生行政部门在质量管理当中的责任，更明晰了第三方机构在质量管理当中的技术支撑和行业自律。

只有政府监管、机构自治、行业自律、社会监督四方面合力，形成共治格局，才能发挥好事中事后监管的作用。

解放军总医院第一附属医院烧伤整形科主任陈敏亮在峰会上分析了医疗美容机构存在的风险。他表示，医美行业不只是求美者存在求美风险，医疗美容机构也存在手术效果、医美交易纠纷、医疗美容产品真伪、医美从业者素养培训等潜在风险，医美机构同样需要做好风险预防工作，而一套行之有效的中国医疗美容行业的质量评估体系是医疗美容机构所期待的。

2. 中国整形美容协会安全信用联盟正式成立

中国整形美容协会安全联盟的建立旨在加强医疗美容行业的自律建设，建立规范有序的整形美容市场秩序，提升行业整体信用水平，建立优秀医生和优质医疗机构的第三方风险评估与安全信用评价认证体系，促进整形美容行业健康有序发展。

3. 灵活运用医美大数据，推动中国医美质量评价体系建立

中国的医美大数据库包含以百度为代表的传统搜索引擎、以微信为代表的社交平台、以更美 App 为代表的专业医美平台、以好大夫在线为代表的严肃医疗平台及以宏脉为代表的整形医院管理系统。

更美 App 创始人兼 CEO 刘迪表示：专业的医美平台是不可忽视的力量，并且是最能输出支持医美安全信用评价体系形成的平台。搜索引擎没有形成闭环，没有交易数据只能按照竞价排名，因此百度无法形成真正来自用户口碑的评价体系。微信等社交媒体沉淀了很多用户的评价，但没有专业的人将其梳理出来。传统医疗平台并不专业聚焦于医

美，整形医院管理系统则不能覆盖所有的医美机构。这些使得医美平台成为真正能输出完备的中国医美质量评价体系。

早在3年前，更美App已经自然而然在做中国医美质量评价体系建立这件事。首先，更美会对入驻平台的医美机构和医生进行全面质量审查。其次，更美平台拥有2200万用户，这些用户的消费数据会在更美云数据库中，更美会有专业的数据分析师根据这些消费数据，为平台的每一个医生建立专属的能力象限分析。

更美会根据这些能力象限分析结果运用于App内医生的展示中。最后，更美会根据对机构进行抽检和回访的情况，不断调整数据库，展示情况也会随数据库更新而变化。刘迪表示，医生能力象限的维度就是中国医美质量评价体系的前身。

（二）全面提升医美信赖度

医美行业蓬勃发展的当下，如何实现高质量增长和可持续发展成为行业核心议题，而信赖度在这其中发挥着举足轻重的作用。

2018年4月18日，由中国整形美容协会联合人民网·人民健康、新浪微博，艾尔建在北京举办了“2018医美信赖先锋行动”。先锋行动旨在推动在全行业内重视进一步提升信赖度，以满足消费者日益增长的高品质医美需求。启动会上，艾尔建发布了首个《全球医美信赖度报告》，从消费者和医护的双重角度充分展现信赖对医美的重要性。

伴随着医美行业的高速增长，政府部门近年来陆续开展了一系列市场监管行动，推动行业健康发展。2017年，国家卫健委、食品药品监管总局等七部门联合颁布了《关于开展严厉打击非法医疗美容专项行动的通知》，为构建良好的医美行业生态打下了坚实的基础。

为使中国医美行业获得长足发展，与成熟发达市场看齐，进一步提升行业整体的信赖度将是重中之重。中国整形美容协会会长张斌在会上指出，中国医美行业处在发展的关键时期，把握发展速度和发展质量之间的平衡，对医美行业健康有序发展有着决定性的影响，而提升行业的信赖度正是实现“平衡”的一个关键举措。

《全球医美信赖度报告》也充分印证了信赖之于医美行业的重要意义。该调研报告对全球 12 个国家和地区近 18，000 位消费者及 300 多位医美医护，围绕产品品牌信赖、消费者和医护之间的信赖等议题展开调研。

结果显示，消费者和医护一致认同信赖在医美体验中的重要性。以肉毒毒素相关的治疗为例，75% 的消费者认为对于产品的信赖是求美体验中一个重要因素。此外，《报告》也显示 61% 的医生认为对于医美产品的信赖让他们在治疗中更有信心。

《报告》同时也体现出一些全球范围内普遍存在的消费者和医生之间的信赖挑战。调研显示，仅 34% 的消费者表示在其最近一次医美咨询中，医生有能力让他们对治疗效果感到放心，且仅 29% 的受访者表示医生很好地解答了他们所有的疑虑，以下是中国医美市场的情况：

（1）中国消费者更爱美，全球约 60% 的消费者认为外在美丽十分重要，在中国这一比例高达 78% ，为全球最高。

（2）中国消费者对于品牌信赖重视度有待提高，在考虑注射肉毒毒素项目时，全球 75% 的消费者认为产品信赖十分重要，而这一比例在中国消费者间仅为 59% 。

（3）中国医美专业人士更认同可信赖品牌的价值，就医美专业人士而言，在选择他们青睐的医美品牌时，会受数据的长效性、可获得的临床研究数量，以及产品由知名、可信赖的公司生产等因素影响。其中，中国医美专业人士对于这些因素关注度更高。

中国整形美容协会会长张斌在先峰行动会上强调，医美行业的信赖度综合体现在消费者对于产品、医护及机构这三个层面，而其中消费者和医护之间的信赖度是核心议题。动脉网总结了以下六位嘉宾的观点：

①珈禾医美集团总院长，中国整形美容协会面部年轻化分会会长李勤：

患者对医生的信赖通常都是基于医生的专业度，而医生的专业度集中体现在是否可以为患者提供科学严谨且能满足其个性化需求的医美诊疗方案。

要做到这一点，需要从三个层面着力：第一，始终做到根据求美者的个体情况做出科学的评估，为其量身定制专业的诊疗方案，力求实现最佳治疗效果；第二，引导消费者选择有良好的口碑、拥有长期的临床试验数据和文献支持的医美产品；第三，要加强有效沟通，解除消费者求美过程中的疑虑，帮助他们树立对治疗效果的信心，正确引导消费者理性求美。

②艾尔建中国医疗美容事业部总经理雷红雨：

可信赖的产品，于消费者而言是一种安全和品质的保障；于医生而言则是一个利器，帮助其更好地展现治疗水平。

《全球医美信赖度报告》显示，中国消费者对于品牌信赖度的重视程度较国际水平偏低。以肉毒毒素相关治疗为例，全球75%的消费者认同在求美体验中，产品品牌是一个重要因素，而在中国这一比例仅为59%。优质的品牌是助力医生满足求美者需求不可或缺的一环，对此中国消费者的认知亟待加强。

③国家卫健委综合监督局医疗监督处处长邢路微：

根据医疗美容行业的一些现象，原国家卫生计生委联合七个部门开展了打击非法医疗美容的专项行动。这个专项行动有四个方面的工作，都取得了一定的成效。

第一个方面是打击无证行医，规范医疗美容服务行为；第二个方面是打击非法制售假的药品和医疗器械；第三个方面是查处违规的医疗美容培训；第四个方面查处违法的医疗广告和互联网信息。

我们一直也在加大对于非法行医的查处力度，同时支持医疗机构规范有序地开展医疗美容活动，建立信赖的业态。

④伊美尔（北京）控股集团股份公司医务管理中心总监李斌：

政府的监管和引导是一方面，从行业长远发展的角度而言，还需要进一步开放市场，培养大量医生进入医美市场，加快正规产品和医疗机构的审批，为求美者创造更多优质的选择，满足求美需求，这才是提升行业信赖度的根本措施，也是使医疗美容成为人们美好生活一部分的基础准备。

⑤人民健康副总经理董雪松：

媒体应充分发挥舆论监督作用，积极发声，以理性、健康的报道加强对消费者的医美科普教育，让消费者对行业建立全面的认识。

⑥新浪微博爱问医生副总裁朱颖：

就新媒体而言，由于平台自由度相对高，更需要加强自律性，严格把控传播内容，给消费者以积极、正向的引导，创造一个可信赖的新媒体医美传播环境。

（三） 互联网医美分会成立

借助百度推广、传统渠道粗犷扩张的医美模式已经跟不上时代发展了，悬在所有机构头上的营销和人力成本难题一直未得到有效解决，而借助互联网技术，医美产业发展迎来了新的转机。

2015 年，中国整形美容协会互联网医美分会成立，聚拢医美专家、医美机构、互联网公司和平台、医疗投融资机构等跨界力量，依托互联网工具，力求突破目前医美产业发展瓶颈，致力于推动医美产业迈进新的规范化和智能化运作新车道。

1. 制定标准，赋能行业

2017 年，原国家卫计委正式把医疗美容学科定义为“产业”学科，从政策鼓励上来讲，市场化程度一直很高的医美产业开始进入发展的新拐点，面临着结构调整和规范化发展的挑战。作为医美行业半官方的职能部门，加强自律维权、行业规范、协助政府卫生行政部门加强行业的监管，促进行业的标准化规范化建设，这是中国整形协会应肩担之责任。

分会成立之前，互联网医美行业已经蓬勃发展，以新氧、更美、美呗、悦美等为代表的互联网企业出现，分会成立后的价值是赋能传统的医美机构，帮助他们开源、增流，提高效率。

线上的互联网企业和线下的机构之前是两种运营模式，如何真正促进线上和线下的融合，这是互联网医美分会首先要考虑的事情。这样做的目的，一是为了把产业体量做大；二是帮助机构把成本降低下来，最终通过线上线下融合，希望制定医美行业互联网的规范和未来的标准化措施。

中国整形协会的主要职责就是把医美行业涉及的产业链各细分节点，制定规范和标准，同时进行监督和指导。

医美行业从医生、机构到整个服务的路径和流程目前还不健全，也存在着一些扰乱市场秩序的非法现象，医美需要一个行业的规范，分会的成立确保了在互联网医美产业链条上，从机构、医生、产品和患者四大板块，制定出产业发展权威性的标准化和规范样本，也是医美行业持续向前发展的必备要素。

2018 年 2 月 –3 月，规范的初步框架拟定。4 月 27 日，《中国整形美容协会互联网医美分会互联网医美行业规范指南（草案）》（以下简称《草案》）正式发布，涵盖了与互联网息息相关的医疗机构信息化建设、医美第三方平台、医疗机构和医生资质审核公示，以及医疗广告宣传、医学教育等方面。

该《草案》出台，完善了中国医美行业在互联网信息化建设、智慧医美、大数据应用、网络媒体宣传等标准，在加强网络安全，防范化解医疗风险、保护患者隐私、规范网络宣传用语等方面更具有可执行意义，而且后期还将不断完善和优化。这是一个庞大的体系，每个阶段都特别细化，未来还将不断完善。

除了做好规范监督工作，未来分会还将加快推行大数据应用，以及“电子病历 + 保险”等信息化建设，持续推进互联网可信体系建设，鼓励创新，融合发展，提高医院管理和医疗服务效率。

从整个大医疗产业来看，2018 年 4 月 25 日，国家也颁布了《国务院办公厅关于促进“互联网 + 医疗健康”发展的意见》。其中《意见》第二大条第九小条要求：健全“互联网 + 医疗健康”标准体系。通过信息化的建设，实现互联互通，让医疗机构成本降低、效率提高，患者能够更高效、便捷享受到医疗服务，这种趋势是不可逆的。

2. 未来致力于建立医美产业的征信体系

纵观整个医美产业，上游的器械和耗材利润依然可观，是一个相对比较标配的体系。中整协互联网医美分会会长杜晓岩认为：“上游的生物技术一定是推动产业前进的重要力量，未来医美行业的增长是内源性的，比如干细胞、抗衰等再生医学范畴，患者更倾向于通过调理的方式、微创的设备治疗，达到皮肤和身体的年轻化，而不是直接整形动刀。”

下游的医美机构，目前正处于转型和升级的过渡期。处于中间端的信息化平台等，为产业发展带来了新变量，“诸如术前、术中、术后图像采集或者电子病历的存留，行业上都是没有标准的。我们未来希望有标准化的产品对图像数据进行采集，这对机构医生，以及患者后续出现意外纠纷是非常好的资料佐证，同时也带动保险行业发展。”现在尚处于新生状态的医美保险、医美金融，等待征信体系建立后，也预计将爆发极大的潜力。

医美行业医患矛盾，本质上就是信用危机。只有完善的监督、反馈、举报机制，患者才会有更好的安全保障，也推动了产业规模的扩大。全力把规范标准制定出来，这是个非常大的工程，一旦形成标准，建立真正的征信体系，对于行业来说，将是一个质变的里程碑事件。

二、医美风险规避

（一）如何找到正规医生

消费需求增长迅猛，但医美潜在的安全隐患也不容忽视。研究发现，风险、迅速增长的用户基数与越来越高的求美需求日渐形成明显落差。消费者更希望选择安全有保证的正规医疗机构、平台，希望手术的潜在风险能够最大程度降低。而另一侧，医疗机构、平台也迫切希望优化客户体验，完善服务各个环节，从而提升品牌美誉度，在竞争激烈的医美市场拔得头筹。

1. 消费者五步法找到靠谱医生

2018 年 12 月 19 日，全球领先的互联网医美平台新氧正式发布医美科普图文，题为《消费者如何找到靠谱的医美医生?》新氧调取了 351 座城市的医生数据，其中北京、上海、成都、广州、武汉、深圳、重庆、长沙、杭州、郑州 10 座城市拥有的医美医生数量占比达到了 53.7%，2.8% 的城市占据了 53.7% 的医美医生资源。其他 341 座城市拥有的医美医生数量占比累计为 46.3%。

一方面，医生资源分布极为不均、供给不足；另一方面，消费者需求旺盛，根据德勤发布的 2018 年《中国医闻美容 O2O 市场分析》，中国医美市场规模的年增速在 20% 以上，每年有数百万年轻人开启医美消费。这导致黑市和不规范服务的繁荣。

当前中国医美市场，有数十万人行医美操作之实，但其中正规医生仅数万人，经验丰富者不足万人。

一个典型的违规操作场所是美容院和微整工作室，他们做的典型项目是纹绣、光电，以及注射。百度搜“整形培训”，会出现一堆微整形培训的广告。其中也不乏这样的报道，关键词是 3 天拿证、打针致失明。

为此，新氧发出提醒：

（1）我国规定，全部医美项目均需在医美机构开展，由医师操作。美容院、微整工作室做医美，违规操作多。

（2）一位高超的医美医生，一般要经历 10 年以上的专业培养，包括院校学习、医院实习、经积累验、失败淬炼，这绝非几天，乃至数月培训可以习得。

（3）90% 的事故缘自三非，即非正规机构、非正规医生、非正规药械，注射风险高于手术，不可掉以轻心。

技术和经验不会写在脸上，如何于市场中找到那些有经验的正规医生呢？新氧给出五步法。

（1）验《执业医师执业证书》。拥有该证的医生，即为我们平常所说的正规医生。它代表着经过了专业院校 5 年以上的培养，以及医院从业 1 年以上。那么如何验证呢？新氧 App 上的医生查询功能，打通卫健委查验通道，可一键查医生资质。

（2）查医生专长和经验。随着医美消费的大众化和成熟化，医生的专业分工也越来越精细，比如有植发、抽脂、去皱、光电等方向。

我国政策规定，取得《医疗美容主诊医师资格证》一般为备案制，外科项目需具有 6 年经验，牙科 5 年，中医科和美容皮肤科 3 年。外科 6 年经验累积是什么概念？比如抽脂医生要抽去 1000 斤以上的脂肪，拉皮医生要站在手术台边 1000 + 小时，这个过程是体力和脑力的双重修炼。

（3）看消费者评价，也就是找到审美好、口碑好的医生。医美不仅是医疗，也是美。有证、有专长、有经验的医生，做出来的效果未必美。美不美，由消费者评价最客观。目前新氧 App 上积累了 380 万篇消费者亲自撰写的整形日记，覆盖了中国95%的正规医美医生，真实还原了他们的业务能力。

（4）前往机构，逐一面诊。这里有一个专业知识点被很多消费者忽视，那就是四级手术，如颧骨降低、下颌角肥大矫正，只能在专科三级医院施行。有更细需求的消费者可查卫生部办公厅发布的《医疗美容项目分级管理目录》原文件。

（5）线上下单，排队预约；买份保险，有备无患。

百场考试、千次手术，炼成一枚靠谱医美医生。因此消费者在选择医美医生时，不要图便宜，靠谱医生的服务定价不会过低，但是也不要以为高价就可以买来安全。要知道，每年都有天价订单出现，16万的瘦脸针、24万的双眼皮，执刀的往往不是IP名医，反倒是被不良机构过度包装、履历经不起推敲的医生。新氧强调，规范的医生往往有规范的定价，不会畸高，也不会过低。

2. 医美保险业务前景好，特别是有别于意外险的效果险

医疗事故始终是求美者决策前的困扰因素之一，医美保险有助于增加其安全感。除了求美者，医美机构也可以降低陷入医疗纠纷的泥潭的顾虑和随之而来的额外成本。

意外险在很多正规的医美机构已经是标配，但并未解决求美者最大的顾虑。因为对于求美者而言，伤痕是小概率事件，对医美效果不满意才是最大的担忧。换言之，求美者关心的重点其实并非如何对伤痕进行赔付，而是如果效果不满意能否免费或打折重新做，如图5－1所示。这种需求在过去的保险制作模式下几乎无法得到满足，但在“互联网＋大数据”的生态下，根据消费场景的保险产品创新与定制是新的趋势之一，这可以在很大程度上增加各个细分场景下的交易次数和交易量。

目前做了这方面尝试的是悟空保和新氧合作的氧气保，其试图解决当前医美保险“只保伤残不保疤痕”的痛点，对于整形的栓塞、肿痛、

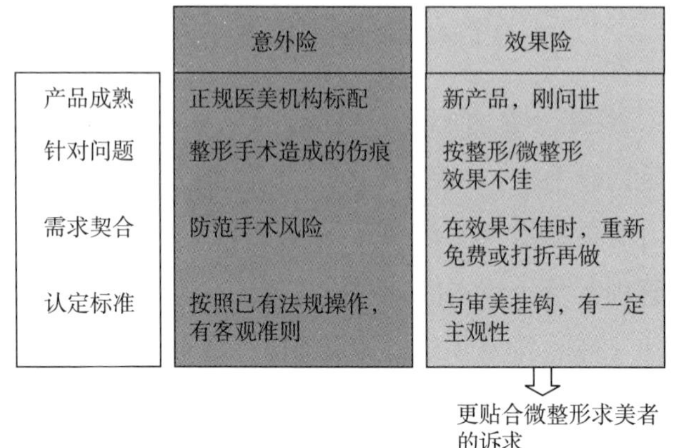

图 5 - 1　意外险和效果险的差别

感染、疤痕、不对称等都有明确的保险标准，并对美容效果保险。但因为医美的效果包含一定美学上的主观认定，精准的量化存在技术上的难题，所以效果险可能需要更多的技术保证，如大数据和人工智能，可能还有整形前的 3D 扫描和 3D 打印，以便在美容前明确求美者的预期。

（二） 医美分期隐患

医美分期创业潮始于 2015 年年底，美分期、每美、美眉分期、丽分期、么么贷、丽人贷、易美分期、Vivian 分期、易美建等产品相继上线。虽然眼下医美分期的市场份额只是整个医美市场的零头，但医美分期是增量市场。对求美者而言，分期需求旺盛，特别是一些资金流动性不佳的年轻白领。对于医美机构而言，医美分期产品降低了求美者的进入门槛，有助于提升收入。

1. 医美分期两大特点

（1）医美分期的盈利模式是息差。目前各类医美分期平台的商业模式的区别为哪段是支付方。一种是丽分期为代表的产品基于信用卡支付，由求美者支付息差。另一种是以美分期为代表的产品，由医美机构支付。资金并非医美分期创业公司出资，而是通过其他金融渠道募集。按照资金来源分类，有商业银行也有小额信贷公司和 P2P 平台。前者是通过绑定信用卡开展业务，优点是手续简单、不占用主卡额度，但需事先办卡。

（2）不同渠道的资金成本有较大差异。根据公开资料整理和访谈，大多医美分期初创公司远未能实现正现金流，最关键的点是风控模型的效果不及预期，坏账率高居不小。初期，许多医美分期初创公司，其市场部门在为了抢占市场份额完成 KPI，不惜降低风险门槛；中期，风控模型的水平跟不上，未能有效把控风险；后期，医疗纠纷不断，有些求美者由于对美容效果不满意（无论是对客观技术的不满意还是主观上的审美标准不满意），可能拒绝后续分期付款。一些医美分期公司对外宣称坏账率 2% ~3% ，但其实远远不止。

该领域目前涌入不少商家，包括莆田系，也出现了一些死亡案例。由于基于场景的风控是以征信数据为基础的，于是有可能面临阿里巴巴、京东等巨头的分期业务的竞争，如图 5－2 所示。

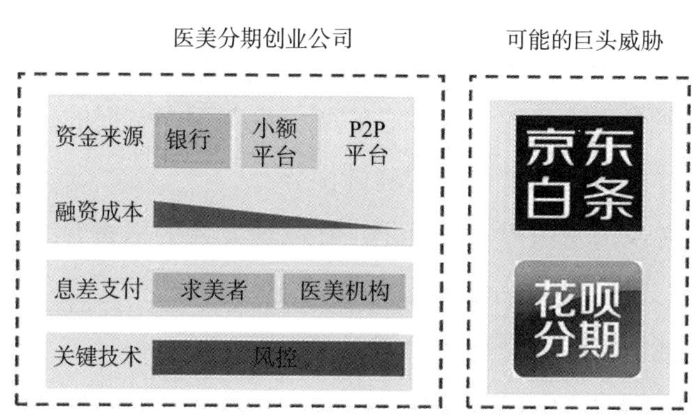

图 5－2　支付巨头可能对医美分期创业公司造成威胁

2. 医美分期的优势及隐患

医美分期产品大火不仅得益于分期消费的日益普及，也因为它一定程度上瞄准了医美市场上主要目标消费人群的消费特点。然而在实际的操作中，医美分期产品推广渠道有限、对美容机构的依赖性较大，其自身发展也就有了很大的局限性。动脉网分析了四大医美线上入口平台对于医美分期看法。

（1）新氧创始人金星：看好线上分期，线下市场保持观望。

新氧旗下有自建的分期产品，运营模式为纯线上的模式，用户线上提交资料、平台线上审批、审批通过后直接放款给医院。该产品已经在2016年3月正式上线，目前单月放款金额在数千万元左右。据之前金星提供给亿欧的数据显示，新氧平台每月的订单量超过3万单，平均客单价在3000元左右，每月交易流水近1.5亿元。

金星对线上医美分期市场保持乐观，认为线上分期会随着平台交易的增长而增长；而对线下医美分期市场则还在观望。因为从目前情况来看，线下医美分期缺乏竞争壁垒，消费者和整形医院对分期机构都没有忠诚度，谁利息低、审核宽松就跟谁合作，这会导致线下医美分期机构陷入价格战和不断放松风控门槛的恶性循环。

（2）更美联合创始人王思璟：医美分期有很好的发展前景。

王思璟认为医美分期本身就非常依赖场景驱动和专业风控，不适合作为独立的创业项目，因此更美的分期产品是和第三方合作，分期产品也是更美未来非常重要的一块核心业务。更美手中掌握的用户大数据和医疗机构经营数据是一个很好的基础优势。

医美或者说消费医疗本身就是正在高速发展的消费升级过程中很重要的一部分，就像是下一个旅游领域，这个行业成长速度很快、客单价高，这个领域消费者结合金融的需求也很大。

（3）向小琴认为医美分期市场现阶段比较热，主要有以下两方面的原因：

①在整形用户中，较为年轻的群体（例如大学生、白领等）经济能力不够，但整形意愿强烈，医美分期能够实现他们“先变美后买单”的愿望；

②分期付款可以降低用户的心理门槛，提高用户在购买整形服务项

目时的决策效率。

（4）美丽神器创始人任凌峰：医美分期肯定会面临一场洗牌。

分期会是美丽神器一个非常重要的模块，目前该模块也在研发之中。得益于美丽神器阿里系的背景，相关分期产品与蚂蚁金服合作比较多，主要优势在于：蚂蚁金服有比较完善的个人征信情况分析统计；蚂蚁金服具有资金方面优势。未来，美丽神器希望和第三方合作，能够做到线上实时的审批、放款。

分期作为一个 B 端产品，产品接受方医美机构可以有很多的选择，产品提供方如果没有核心优势吸引医疗机构的注意，就没有任何的竞争力。而目前业内从事医美分期的创业公司甚至比从事医美 App 开发的创业公司还要多，未来这个行业一定会面临洗牌，主要原因有两个。

其一，现有产品同质化严重。目前各家的模式大同小异，都是和机构合作，将自己的服务提供给机构，没有几家可以有自身的特色。

其二，坏账率较高。业内分期做的快的几家都逐渐显现出了坏账率高的问题，虽然这一问题还未到爆发点，但是的确是一个隐患。

在利好的行业前景背后，医美分期也存在许多的不定因素。医美的利润并没有外界想象的那么高，反而因为用户心理预期等原因，面临着极高的用户不满意的风险，这一风险也会影响用户的还款热情。但是总体而言，分期对消费升级型的产品和服务的电商，是一个很好的工具，医美分期会促进医美行业的发展。

《2016－2022 年中国消费贷款深度调研与投资前景研究报告》显示，2014 年我消费信贷的市场规模为 15.4 万亿元，2014－2019 年中国消费信贷的规模将会维持 19.5% 左右的复合增长率，到了 2019 年消费信贷的规模会达到 37.4 万亿元。而在整个消费信贷中互联网金融消费的地位也越来越重要，艾瑞咨询的数据则显示，2013 年，中国互联网消费金融市场交易规模为 60.0 亿元；2014 年为 183.2 亿元；2015 年规模就已经突破了千亿。

同时，医美平台作为医美消费的场景入口，有商家、有客户，在医美分期业务上有着天然的优势，从四位创始人的回答中可以看出，各家平台都已经上线或者即将上线分期产品，多数选择与第三方合作的形式，与前期医美分期产品创业公司风风火火抢占市场相比，医美平台的入局意味着医美分期的市场发展已经进入了一个转折点。

医美分期发展的优势在于：

（1）用户消费习惯的改变。

（2）资本的介入。

发展面临的隐患在于：

（1）同质化严重。

（2）坏账率高。

（3）不可控因素较多。

医美分期的市场在专业人士的眼中又如何呢?

CIC 灼识咨询执行董事王文华认为医疗美容的分期服务实际上是基于消费场景的分期付款服务的延伸，国内医疗美容服务市场的高速增长反映了消费者对于外在形象的关注度和投入都持续增加。医疗美容的分期服务能够通过预支消费者的支付能力提升一些高昂的医疗美容项目在目标人群中的渗透率，目标人群一次性承担美容支出存在一定的困难，和其他分期付款的消费品一样，医美分期服务满足了部分潜在消费者的需求，从而使自身获得较快的发展。

但是医美分期作为分期服务的一种，其未来成长性依然要取决于潜在消费人群借贷消费习惯的培养，以及消费信用水平在国民中的整体提升。和其他的分期付款类似，如何教育消费者，以及个人消费中征信系统的建立，则是未来分期服务市场发展的最主要的影响因素。同时，医美分期又因为其特殊性，作为分期的标的，目前国内医疗市场美容市场的监管并不是十分规范，一旦出现医疗事故，分期服务是否延续，以及赔偿定损都存在诸多现实操作困难，这也是制约医疗美容分期服务发展的因素之一。

3. 互金巨头将成为医美分期最大的威胁

从流量入口来看，医美平台更有细分市场的针对性；但是分期这个东西还很依赖资金实力、金融效率、风控，这些方面金融机构就强势得多，这些创业的医美平台不具备这些经验和优势，所以基本上两者合作取长补短几乎是唯一的出路。

如果说市场上有谁可以成为医美分期的独角兽玩家，互联网金融巨头最有可能，尽管它的流量入口并不只针对医美市场，奈何它用户多、用户使用黏度高、征信体系完善。而且目前医美 App 同质化严重，行业壁垒较低，所以我们可以合理猜测，互联网金融巨头会成为医美分期创业者最大的威胁。另一个有潜质的医美分期玩家就是医美 SaaS 公司，他们掌握着医美行业的核心数据，掌握数据就意味着有机会建立风险定价体系，而一个分期产品的核心就是它的风险定价，当然风险定价体系不是医美 SaaS 公司有数据就可以建立的，还需要有实力的金融机构参与，所以，“医美 SaaS + 金融机构”这样的组队玩家也有机会杀出重围。

第六章

未来篇：静待花开的医美行业

一、 医美机构发展前景

医美是消费医疗领域发展势头最好的细分领域之一，大型品牌连锁和精品机构发展良好，品牌度不高的中型机构受困，上市资本抢夺市场和人才，同时医生也在政策的推动下，加入创业大军；从技术上来看，微整形和光电项目大受欢迎，轻医美流行，医美和生美混业经营长期存在。

动脉网根据德勤发布的报告《中国医疗美容市场分析 2017》，分析了当前中国医美机构发生的四大变化。

（一） 消费理念转变， 需求释放

从 2000 年开始，经过 10 年的黄金发展期，医美整形已经从一个隐私型消费，慢慢变成一种大众时尚消费。

笼统来说，2010 年以前，消费者对于医美整形的态度还是猎奇、回避和抵制，现在毋庸置疑的事实是，虽然对于安全、效果、医生品牌和技术仍然存在担忧，中国人的整体接受度提高了。

对于少部分求美者来说，医美整形已经是一种轻奢“上瘾型”消费，每几个月就要约见一次整形医生。

不仅是消费者，医美从业者在见证了行业的野蛮生长之后，也从最初的羞于跟人启齿，变成医美行业的积极推动者、参与者和变革者。

以女性为主体的医美“颜值经济”，随着社会文化的变迁，在争议中成长、成熟，其潜在增长潜力着实不可小觑。

如果要用例子来佐证，医美 App 头部平台更美 2018 年 5 月推出的新品牌主张“人生不是天生”就非常有代表性，如图 6－1 所示。

图 6 –1　更美的“人生不是天生”新品牌主张
（图由北京完美创意科技有限公司提供）

品牌在倡导品牌价值的背后，激发了一波社会讨论。你可以坚持“自然就是美”，但是通过一些新科技手段试图改变容貌，甚至自己的命运，似乎也无可厚非。

2018 年 8 月，医美 App 头部平台新氧征集了十余个女孩的整形故事，并选取一部分拍成了一段视频，把她们的伤、痛、喜、悲讲给受众听，也引发了热议，如图 6 –2 所示。

图 6 –2　新氧的“勇敢改变”新品牌主张
（图由北京新氧科技有限公司提供）

为什么女性会考虑微整，有受到环境逼迫吗？社会是不是足够开放？整形究竟能给人生带来什么样的影响？这已经涉及三观与社会文化的变迁层面了，也从某种程度上反映了今天的社会对颜值的倚重。

这是医美产业发展不可或缺的重要前提，医美的主力军已经是新生代的“80 后”“90 后”，服务方式和理念也要顺势变化。

此外，从经济大环境看，人均 GDP 是一个意义重大的指标：不同的人均 GDP 阶段，经历、社会就自然出现对应的现象、问题和解决出路。

沿着人均 GDP 的变迁轨迹，每一个阶段都出现相应的经济现象和社会现象，产业的机会和风险尽在其中，如图 6－3 所示。

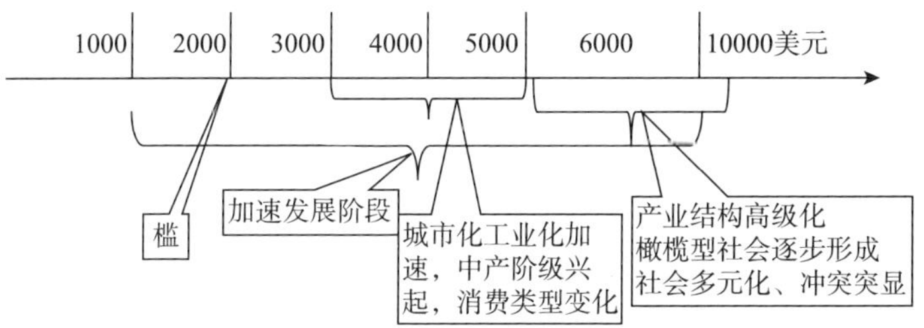

图 6－3　人均 GDP 与产业变迁的关系

具体而言，1000 美元，城镇化开始起步；3000 美元，加速发展；5000 美元城市发展空间全新拓展。

（二）患者教育和渠道变革

据德勤发布的《中国医疗美容市场分析 2017》显示，中国正规医美疗程量（包括手术和非手术疗程）占全球总量的 10% 左右，为全球第三大市场。中国医美市场规模未来 5 年内增速有望维持在 20% 以上，国内医美机构数量分布密度，在抢人圈地的跃进中，已经在快速接近国外成熟市场水平。

以往医疗美容机构超过 50% 营销费用被渠道分摊，互联网进来之后，在流量规则的重新制定及行业发展方面，起到了变革的作用。主要体现在两个方面：一是获客；二是患者教育。嗅到痛点，崛起最快的是医美 App。

2016 年是医美 App 集中宣布融资的爆发期，新氧（C 轮）、更美（C 轮）、悦美（B 轮）、美黛拉（B 轮）、美丽神器（B 轮），都有融资。2016 年更美获得 C 轮 3.45 亿元投资，是中国互联网医美行业历史上最大的一笔融资，如表 6－1 所示。

表 6－1　2017 年医美领域融资资料

企业名称	企业类型	融资金融	融资轮次	投资机构
欧华美科	皮肤科医学技术	约 1 亿元等值人民币的美元投资	B 轮	凯辉基金
联合丽格	医美连锁	2 亿元	B 轮	金浦健康服务产业投资基金领投
西婵医疗美容	整形美容医院	2 亿元人民币	未透露	高特佳
悦美	医美 App	8000 万元	C 轮	汉能创领投、赛富投资跟投
PhiSkin 芙艾医美	皮肤美容连锁	未透露	未透露	君联资本领投美国锐盛管理集团、正齐金融、拾玉资本跟投
咋整呢呵呵	医美视频自媒体	数千万元	Pre－A 轮	五岳资本
愿美	电商平台	1000 万元	未透露	未透露
以息科技	智能测肤	数百万元	天使轮	青驰资本
胡桃盒子	微整形特卖平台	数千万美元	A 轮	君联资本、清科集团、360、红杉资本
德尔美容	轻医美连锁	战略投资	/	永利宝
雍禾植发	植发机构	战略投资	/	中信产业基金
瑞澜医美	医疗美容医院	2250 万元	定向增发	/
京都时尚	医疗美容医院	180 万元	定向增发	/
利美康	医疗美容医院	6900 万元	定向增发	/
荣恩医疗	医疗美容医院	4876 万元	定向增发	/

2017 年 8 月，悦美宣布获得 8000 万人民币 C 轮融资，是业内第三家宣布完成 C 轮融资的 App 平台。本轮融资由汉能创投领投、上轮投资人赛富投资跟投，本轮融资将主要用于团队建设、高效精准的市场推

广，以及扩大线下规模。

一开始进入市场的时候，医美 App 可能会从不同角度切入。当有公司摸索出行业比较顺畅且可验证的模式之后，其他企业会很快借鉴，产品越来越趋同。

不过，各家企业具体策略和打法可能不太一样，头部的平台，一般是不断做大规模和市场份额，通过规模优势形成竞争壁垒。市场份额相对比较小的企业，可能聚焦于某个细分市场，提供一些差异化服务。

对于医美 App 来说，产品体验层面可能也会有差异，更重要的是企业的定位、战略和运营。

大致来说，医美 App 平台主要通过“内容 + 社区 + 电商”，或者预约转诊的形式聚拢用户，搭建 B 端机构、医生和 C 端客户沟通的桥梁。不过 2017 年，在提高用户决策效率、医生及医院的定位和运营模型上，各家平台也做了不少产品升级。

在产业链上下游整合上，比如大型的器械、药品厂商、保险等，这些平台也正在做一些延伸。

但是医美 App 已经完全解决信息不对等和透明化的问题了吗？事实上，患者教育市场矛盾依然会长期存在。

用户并不是互联网产品的专家，消费决策时间长，因此论坛、社区、贴吧、微信群、微博活跃着各种医美 KOL，已经实现盈利的美呗 2018 年的重点就是，通过内部培养医美 KOL 提供专业内容。

“直播 + 短视频”产生的内容，某种程度上比整形日记和图片更直观。直播内容主要有三种形式：探店、医生 UGC 科普知识，以及用户实际体验。除了直播平台，医美 App 平台也内嵌各种有趣味的直播，提高了用户使用的黏性。

2018 年 9 月，医美自媒体“咋整呢呵呵”获数千万元人民币的 Pre－A 轮融资，资方为五岳资本，“短视频 + 直播 + 微信公众号”、微博等娱乐形式输出医美专业内容，邀请知名整形医师和嘉宾，以脱口秀和嘉宾对话的形式为观众科普整形知识，试图缩短用户整形前漫长的咨询过程。

这类医生的顾客往往都是只认医生，全国各地的顾客都会去，而且价格也不低。

互联网在颠覆获客和患者教育的方式，甚至新闻文章、网站、百度地图、百度电话等都是必要的渠道方式，医生和医美机构要善于运用自己的资源优势，将互联网的效能发挥到最大化。

（三）从重视获客转为重视运营

在传统广告为王（平面、电视、PC 搜索竞价等）的时代里，医美机构主要的策略是吸引更多的新客，而那个时候，广告带来的效果确实非常惊艳，一个好的企划活动就能造势引爆，竞争并不太激烈。

但是现在，传统广告的影响力已经大大弱化，搜索引擎竞价曾经是大部分整形机构都离不开的渠道，现在效能下滑，已经是鸡肋的状态，百度竞价能做到 1:2 的投入产出就不错了。新客获取成本越来越高，质量却大不如从前。

大机构因为品牌知名度和体量，可以每个月在竞价上投入上百万，砸户外品牌广告，以此带来顾客转化。小机构不能支撑，尤其是一二线的成熟市场，比如成都地区，近两年的快速发展，市场上的非公立整形机构超过 200 家。

依照中国民营医疗资深研究者黄石头（笔名）的观点：“一些聪明的莆田系开始转变策略为老客为尊，以质量和服务来进一步挖掘老客的资源，试图从老客身上获取更多的优质新客。这种顺应时代的转变，也是部分莆田系医美至今能够保持生命力的根本原因。”

这种策略的转变，是因为医美的重复性消费时代已经到来。在信息逐渐透明化的大前提下，求美者对手术效果、安全性、医生品牌和服务有更多的要求，技术、形象、沟通好的医生容易形成自己 IP 和粉丝群，客人黏性高，甚至主动推荐给身边的亲人。

在获客上，一些偏标准化的项目，比如“三针一毛”和美疗等微整形项目，服务获得门槛低，价格便宜，低价项目主要做引流，低价也是医美市场主流化大众化的标志。

有一些项目靠个人手艺，是非标准化项目，比如埋线双眼皮、隆鼻、自体脂肪填充等手术类项目，客户基于对医生和机构品牌的信任，对价格不敏感，高价项目做利润。

这种变化在消费医疗领域，如医美、口腔表现非常明显，维护好老客户，不仅能够获得好的收入，这些具有高效传播力的求美者，对于医生口碑打造也至关重要。

目前，可能只有部分渠道为王的企业，只对接美容院、夜场等，给渠道50%的返点，不做网络投放，因为客单价高，甚至存在过度医疗，还活得滋润。

在移动互联的影响下，像虞美人、薇凯、百合，以及最近几年被曝光靠“众筹返利”模式火起来禾丽，也在深度裂变。

当非法微整形工作室、网红工作室、美容院店内手术被列为非法手术且受到官方打击之后，这种类型公司的特殊模式，吸引了大批上述渠道的客户资源，是时代的特殊产物。

国家政策鼓励民营医院发展，同时又在加强医美行业监管，寄希望于挣新客快钱的机会越来越少，尤其是一线城市，医美的供给端充足，效率不高、运营模式不具备竞争力机构的盈利，压力不小。

苏宁环球资本执行总裁、苏亚医美总裁贾森，在亚太超颜值微整形流行趋势发布会上分享了他的观点，医美本质上是带有医疗属性的服务业，只有真正为每位顾客着想，把质量和服务做到极致、价格回归合理才有未来。利用信息差赚钱、把顾客当成待宰羔羊的机构，必然会被淘汰。

（四）看好大型品牌连锁和精品机构

自2015年起，大量资本开始布局医美业，不仅有红杉资本、经纬、IDG、赛富等财务投资者入股医美App，也有恒大、朗姿股份、苏宁、华邦制药、复星集团等产业资本布局医疗机构，上市资本大举进入医美后，将对医美老的游戏规则产生冲击。

被市场冠以“新三板隆胸”第一股头衔的利美康，2017 年奔赴 IPO，如表 6 – 2 所示。利美康主要收入业务为整形外科，如重睑术、美容隆鼻术、隆乳术、吸脂减肥术等，80% 客户是 20 ~ 40 岁的女性。2016 年营收 1.94 亿元，同比增长 37.36%；净利润 2370 万元，同比增长 44.39%。2017 年 4 月完成新一轮定增，募集总金额 6900 万元。

图 6 – 5　新三板医美盈利情况

单位：元

企业名称	2016 年营收	2016 年净利润	2017 上半年营收	2017 上半年净利润
华韩整形	5.4 亿	2366 万	2.93 亿	935 万
丽都整形	3.33 亿	2160 万	2.09 亿	577 万
利美康	1.94 亿	2370 万	1.3 亿	1618 万
柏荟医疗	3.86 亿	4108 万	2.18 亿	1142 万
瑞澜医美	7828 万	637 万	4379 万	352 万
春天医美	8008 万	亏损 392 万	4555 万	亏损 201 万
荣恩集团	6601 万	306 万	4745 万	433 万
希思医美	8186 万	694 万	3987 万	亏损 203
俏佳人	915 万	亏损 877 万	2995 万	562 万
京都时尚	1562 万	亏损 293 万	546 万	34 万
永成医美	1.32 亿	1905 万	7024 万	753 万

医美市场真的有这么大吗？单从最近 5 年的数据来看，医美市场呈爆发式增长，而且医美产业延展性很强，是可以渗透到生活美容和护肤品的市场，医美机构目前的主体依然是诊所为主，大型连锁不超过 100 家。

动脉网认为有两种类型的医美机构发展前景会比较不错。

第一种是大型的医美集团，如美莱，拥有制度化的管理模式、强大的技术优势、学术研究和资源优势，目前在全国拥有重资产的大型医院 33 家。

顺应时势，美莱还成立了互联网中心，研究各个互联网渠道的属性，如何更好匹配美莱的资源优势，旧的莆田系模式终将成为过去。其他大型品牌医美集团还包括艺星、伊美尔、丽都、华韩、联合丽格等。

作为国内领先的医美集团和创业医生孵化平台，联合丽格在成立4年的时间里，已经在全国主要城市开设了近30家高端医疗美容机构。

2017年6月，联合丽格完成了2亿元B轮融资。联合丽格创始人李滨此前表示："融资后，一是强化存量业务，加速在全国的医美网络布局，尤其是成渝地区和珠江三角洲区域；二是继续对优质医生投资，成为中国顶尖的医美医生创业平台。"

同年9月，联合丽格第一医疗美容医院落地开业，由国际著名组织工程专家、世界著名"人耳鼠"首创科学家曹谊林教授，以及国际第二例、国内首例换脸术主刀医生郭树忠教授联袂领衔的"医美梦之队"医生集团，整体入驻联合丽格第一医疗美容医院，此轮投资方还包括新氧。

第二种是小型的有特色的精品医美诊所，或者是专注于某一类细分项目，比如专门做鼻整形等，或者是有名医集团加持。

北京圣嘉新医疗美容医院是一家以"名医合伙制模式"为特色的整形机构，发展势头向好，由脂肪体雕专家李朕主任、颜面精雕专家张笑天主任，以及脂肪微雕专家邱立东主任联合创立。

圣嘉新摒弃了医生聘任制医院的管理模式，以名医引领科室，实现了专家亲诊、技术权威、风险可控、效果承诺、服务高质等多方利益保障，形成对顾客更具个性定制和人文关护的利益规划，朝专精化方向升级发展。

这类体量多半几百平方米的机构，人力成本、物业成本及经营成本都比较低，有的甚至医生就是老板，有固定的黏性客户，或者口碑介绍来的客户，借助一些高效率的运营方式，在各地市场能占到一定份额，但是相对大型品牌连锁，它成为主流难度较大，还要看机构的市场运营模式是否具备竞争力。

在增长的过程中，很多中型机构往往濒临倒闭或者被收购的命运。

这些机构没有大型机构的资本优势、资源优势，而且管理没有制度化、人才留不住，重资产复制的模式不具备条件，很有可能在大肆抢夺人才和地盘的市场中发展受阻，或者被大型机构合并、收购，以及加入新的资本对赌中。

（1）轻医美流行。

轻医美，主要特点是轻松、便捷、简单的医疗美容方式，在专业安全的基础上，通过各种非手术医学手段，如激光美肤、注射填充、注射瘦脸除皱、无创医疗美容等方式，来替代传统的手术项目，实现紧肤除皱、面部微整形、面部年轻化、瘦身美体及皮肤问题治疗的目的。

激光、微整形注射其实产生的时间比较早，最先是由民营医院接触，然后慢慢公立医院才接受。医美现在还是高毛利的产业，一些无医疗经营许可证的“黑市”和培训几天就上岗的“黑医”，提供了滋生失败整形和暴利的土壤。低价是必然趋势，长期来看，每一次新技术的产生和普及，一个行业的毛利率总是走低的，医美也一样，尤其是激光美肤业务。

轻医美标杆欧华医美集团，国内最早的非手术医美连锁，从成立之初就具备鲜明的特色，致力于成为消费者的私人皮肤美容医生，经过多年的发展，已经由创业初期的几人快速发展到业务覆盖全国几十个大中型城市，旗下机构 30 多家。

德尔美客覆盖全国 23 个省 52 座城市，接近 100 家诊所，提供皮肤管理、微整形、面部整形、面部年轻化、医学纹绣等轻医美解决方案，连锁品牌通过联合采购的方式，试图降低成本。洪泰基金投资了天使轮，2017 年 8 月，公司获得永利宝战略投资。

美黛拉 App 在华南地区推出了线下轻医美品牌时间海科学美容。柠悦诊所不提供外科服务，只为用户提供医学护肤、颜值管理和状态提升三种轻医美服务。成立于 2017 年年初的繁星轻医美，定位于提供皮肤医学美容和一站式的抗衰老解决方案，首家线下诊所于 2017 年 7 月在西安落地。

PhiSkin 芙艾医疗源自美国，是一家以皮肤管理和微创美容为主的高端医疗专业机构。2017 年 5 月，Phiskin 芙艾医疗获得由君联资本领投，美国锐盛管理集团、正齐金融、拾玉资本跟投的融资。

2017 年 12 月，国内大型连锁医美机构美贝尔集团与万达集团达成战略合作，美贝尔集团旗下新晋轻医美品牌“SULI 速丽”的所有连锁门店，将全部陆续进驻国内多家万达商业广场，成为其中常规的业态组成部分之一。不仅如此，一些医美的细分市场同样有市场可挖。2017 年 9 月 20 日，中信产业基金宣布投资雍禾植发，战略合作后，重塑品牌策略和品牌视觉体系。

雍禾植发成立于 1999 年，是目前国内拥有植发技术自主知识产权且通过 ISO 权威认证的植发机构，也是全国分布的规模型专业植发医院。

值得思考的是，入驻商场究竟能给获客带来多大的增量，选址有没有意义？轻医美定位是否还有竞争力？在目前局部区域有些过热的情况下，可预期的情况是饱和竞争必然产生价格战，优势品牌，集合团队、资金实力、模式壁垒，势必快速突围，以轻资产模式快速复制。

（2）医美和生美，混业经营。

谈到医美就不能不谈到生活美容，美容院曾经是重要的渠道来源，这个问题不可回避，虽然现在从业者开始倡导回归到医疗的本质，其呼声也越来越高。

医美与生美融合或转型，已经是有市场验证的成功模式。生美把握住流量的入口，但是转型医美则面临医疗技术缺失、团队管理方式不规范、运营和服务模式差异等现实困难，这也一定程度上催生了汇成咨询（医美）和美美咨询（生美）等口碑不错的咨询类企业的产生。

另外，在线下连锁门店的信息化改造上，宏脉和汇成医美一直在探索医美 SaaS，长期来看是趋势，但还需要解决的问题是在每家业务逻辑不一样的情况下，如何做到高度标准化适用。

虽然生美在复制扩张的速度上可能更快，但是顾客的求美需求增长，对于微整等接受度越来越高，如何将二者结合达到有效互补，这个趋势会一直持续，相互渗透、混业经营有可能是大家将走的终极形态。

秀域和美丽田园是非常有代表性的两家企业，也都有风险资本和产业基金投资。美丽田园集团成立于 1993 年，已发展为横跨生活美容、医疗美容及抗衰医疗三大业态的公司。旗下拥有超 210 家美丽田园 Beauty Farm 高端美容商业连锁门店、16 家 CellCare 专业医美门诊中心，以及 3 家启研国际抗衰医疗中心，辐射全国 65 座重点城市，并不断通过复制扩张、加盟的方式扩大体量，如 2017 年美丽田园就战投贝黎诗，2018 年战略投资美悦荟、康曼等。

另外，美丽田园已经建立一套服务标准，在质量管理、组织优化、信息化建设和流程管理上提高效率。

秀域集团成立于 2005 年，拥有近千家全资直营生活美容连锁，业务涵盖瘦身、美容、保健、医美微整形等，旗下医美连锁品牌春语超 30 家。2017 年年初，集团宣布了 2017 年的“全新科技美容战略”，而且完成了由摩根士丹利领投，新天域、凯欣跟投的一亿美元 B 轮融资。

在品牌线下门店扩张模式上，医美毕竟是手术，不可避免会出现安全事故的风险问题，一旦发生将对品牌造成极大影响，因此扩张、加盟上比生美要谨慎。和医美不同的是，生美的品牌连锁扩张是主流，传统的加盟可能阶段性是最优选择，但是从一个公司的长期定位和商业逻辑上，未来可预见的是运营好的一般都是直营模式。

二、 科技推动医疗美容快速发展

研究机构 Inkwood Research 数据显示，全球美容及个人护理用品市场预计将从 2016 年的 4237 亿美元增长至 2024 年的 7500 亿美元，被称为继房产、汽车、电子通讯、旅游之后第五大消费热点。

美容科技跃迁式发展，消费者们不再单纯依赖昂贵的化妆品保持“冻龄”，而是更加注重“美与健康”的双重提升。

新技术驱动下，品牌商们不断送出惊喜：比美容师还了解你的化妆镜、结合基因检测与生物技术的专属定制化妆品、AR 提供虚拟试妆。从与智能家居整合的美容设备，到影响化妆品推荐和研发的基因学和生物技术，美容与科技的深度融合成为主流趋势。

全球知名创投研究机构 CBinsight 发布了《2018 年全球美容行业趋势报告》，揭示了 13 大美容行业与科技深度融合的趋势。

（一）智能美容设备与家居融合，“美”无处不在

随着物联网和其他技术越来越普及，美容设备将更加普及，并能够与智能家居进一步有机融合。智能家居的发展使得家庭比以往更加安全高效，而如今，美容正在新技术驱动下，渗透到家居领域，让消费者在家中时时刻刻都能保证“颜值在线”。美容品牌们纷纷推出各种高科技美容设备，将用户的个人护理程序整合到智能家居中。

2016 年由新金宝集团推出了一款“魔镜”：HiMirror，它是一款拥有亚马逊 Alexa 语音智能的化妆镜，能够为用户提供化妆建议。HiMirror 还可以结合 AI 来提供日常皮肤分析、个性化推荐和 AR 体验，让用户可以实现虚拟试妆。

同时，3D 扫描技术的发展使个性化护肤成为可能。产品设计公司 Cambridge Consultants 开发了 Skintuition 皮肤诊断平台，露得清也推出了 Neutrogena Skin360，都是基于传感器进行皮肤扫描，并配有相应的 App，可随时监测用户的皮肤状况。

还有一些衍生产品，如 Moodo 推出的家用智能香氛机，内置 Alexa 语音设备，可以通过手机 App 调制专属香气，在保证心情愉悦的同时，能够保证空气指标均衡以达到基础护肤效果。

另外，有不少新玩家开始进军家用美容设备。例如，总部位于德国的杂货店连锁店 Lidl 最近宣布推出一款 DIY 面罩，使用胶原蛋白、果汁、牛奶或酸奶的定制水凝胶面膜；欧莱雅推出智能发梳，实现对梳发时力度、频率的数据分析，监测梳发和护发习惯；汉高美容护理公司 SalonLab 的头发分析仪，基于传感器实现头发的湿度、质量的测量；世界上第一家将医用硅胶应用于精密洁面仪的公司 Foreo 的 UFO 面膜仪将 LED 光疗、冷冻治疗和震动相结合，90 秒就可以敷一次面膜。

（二）消费者介入生产，个性化需求强劲

美容品牌正在深度拥抱消费者来更好地满足其需求，提供产品反馈，从而开发更具个性化的美容产品。

如今的消费者越来越看重化妆品生产的透明化，于是，各大品牌纷纷让消费者参与产品设计和开发过程，与消费者形成双向的反馈。

虽然大公司有足够的财力支持大规模市场调研，但大多数创业公司并没有，他们往往采用征集大众创意的方式来收集反馈，获得直接的顾客忠诚，以一种更划算、更可持续的方式开发产品。这并不是一种新现象。个人护理产品公司 Sundial Brands 早在此之前，就采用众包的方式来征集创意、开发新品。

如今，许多高人气的美容品牌，如美国互联网美妆品牌 Glossier、韩美妆电商 Peach & Lily 都使用电子邮件、问卷、社交媒体、消费者产品测试和其他策略来征求客户对潜在产品的反馈。

这一模式也可以推动美容产品的民主化研发。成立于 2015 年的唯丽·唯绅（Volition Beauty），是一个完全众包的美容品牌，足以让那些想自己设计化妆品的消费者大展身手，该公司提供了一个公共平台，任何人都可以提供关于美容产品的想法，如果得到足够的社区投票，Volition 就会与顶级美容实验室合作将它变为现实。

（三）不再自行研发，大品牌借孵化器打造“爆款”

大型美容品牌正在建立美容加速器和孵化器，取代传统的化妆品研发。

企业之间的竞争日益激烈，全球设计师集成平台 D2C（Direct－to－Consumer）美容品牌在市场上的份额不断增长，大品牌正在寻找下一个突破口。目前看来，孵化新公司往往比开发内部品牌成本更低，因此各大品牌通常将这一举措作为应战的首选。

Kendo 是由前丝芙兰美国首席执行官大卫·苏利特安（David Suliteanu）于 2010 年创立的美妆孵化器，现在从属于法国奢侈品巨头 LVMH 旗下的香水和化妆品集团，已经孵化出 Fenty Beauty（编者注：美国网红品牌）、Kat Von D、Marc Jacobs 等品牌。

Kendo 的目标是将它们打造成国际美妆品牌，例如与美国歌坛天后蕾哈娜（Rihanna）合作推出的 Fenty Beauty（编者注：美国网红品牌）系列，仅一款粉底液就有 40 个色号，完美诠释了品牌主打的多样性和包容性。

欧莱雅创始人工厂则是欧莱雅在 2016 年对伦敦的数字孵化器“创始人工厂”（Founder Factory）进行战略投资后的改造品，他们每年选择 5 个早期的创业公司，为其提供专家建议和发展支持。

（四）男性美容需求崛起，成品牌商瞄准的“靶心”

将女性作为目标受众的美容行业正在迎来新的发展机会，男性美容需求崛起，为行业带来新的生机。

一个多世纪以来，个人护理和制药公司一直致力于销售男性专用产品，如剃刀或防脱发药物。不过，许多品牌正在采用直接面向消费者的分销方式和酷炫的包装来吸引新一代男性消费者——他们对男性气质的诠释已与上代人有很大不同。

包括 Instagram（编者注：照片墙，是一款运行在移动端上的社交应用）和 YouTube（编者注：一个视频网站）在内的社交媒体不遗余力地围绕男士美容做文章。例如，面膜品牌 Glamglow 在社交媒体上用标签“#menwhomask”和男性广告照片来吸引消费者。

“Boy Beauty”的大火和中性化妆品助推男性美容产品市场的崛起。ASOS（编者注：英国线上零售商及自有品牌）、CK、Yves Saint Laurent（编者注：法国服装名牌）、倩碧（Clinique）等公司纷纷推出男士化妆品，魅可（MAC）、汤姆·福特（Tom Ford）和马克·雅可布（Marc Jacobs）也上架了中性化妆品系列。为了迎合这一趋势，美宝莲和封面女郎（Covergirl）也开始动用男性品牌大使。

自联合利华于 2016 年收购 Dollar Shave Club（美容行业迄今最大的一笔收购）后，男士个人护理品牌并购明显增加。例如，Integumen 于 2017 年收购了苏格兰护肤品牌 Stoer&Co，Edgewell（编者注：美国个人护理公司）则收购了男士护肤品公司 Bulldog Skincare Holdings（2016 年），以及男士奢侈护肤品牌 Jack Black（2018 年）。

更多专注于男士的个人护理品牌出现，尤其是为男士设计、符合包容性的美容产品成为热门趋势。

（五）根植“健康与保健”，日系美妆成消费者新宠

2011 年，从丝芙兰上架韩国护肤品牌 Dr. Jart +，从此韩系美妆（K－Beauty）打入美国市场并一发不可收，在电商平台，以及像丝芙兰这样的实体零售商中得到了消费者的普遍认可。尽管韩妆没有显示出放缓的迹象，但其他亚洲国家，尤其是日本——在美妆市场中表现抢眼。可以预见，日系美妆（J－Beauty）会迎来更多的消费者拥趸、零售商机和投资者青睐。

日本的美妆产品为什么这么受欢迎？根据国际贸易管理组织的数据，尽管有非常严格的规定（日本卫生和福利部最近才授权其第一款产品被贴上“抗皱”的标签），日本在化妆品上的人均支出是最高的。

这个国家有强大的美容传统，强调仪式、简单的多用途产品和护肤食品，这些食品在日本的饮食和美容产品中随处可见，通常包括海藻、绿茶、大米等成分。

美容、健康和保健的理念深深植根于日本文化之中，许多消费者因而被吸引，并将其视为一种简约而奢华的美容方法。日系美容产品已经成为西方消费者的新宠。例如，高端护肤品牌 Tatcha 从日本传统的艺妓美容术中获得灵感，把美肌奥秘和西方艺术结合加以改良；日本的本土品牌如 SK－II 和 DHC 在美国的口碑也越来越响亮。

日系品牌也大大提高了美容业的科技含量。从资生堂的投资和专利可以一窥未来美容技术的发展动向。

2017 年，资生堂收购了两家 AI 初创公司——MatchCo 和 Giaran，这两家公司可以通过扫描自拍照，提供个性化的护肤产品和建议。资生堂 2017 年的一项专利可以分析视频图像，从而确定受试者的皮肤状况；它还有一项“人造皮肤”的专利，可以用来测试药品和化妆品的功效。

（六）“大数据＋算法”，定制化妆品成长空间广阔

基于“大数据＋算法”，化妆品品牌正在采用定制化方案来更好地迎合消费者个人偏好。

Proven 使用全球最大的美容数据库和机器学习算法来打造个性化护肤产品，HelloAva 推出了聊天机器人，通过一系列测验来为用户制定护肤建议。Curology 还为皮肤病学提供了一种远程医疗法——向皮肤病患者发送定制处方，并通过用户返回的照片来监督进展。

创业公司 LOLI Beauty 则提供了一种崭新玩法：将膳食的自主搭配模式应用到化妆品的个性化组合中。

这一产品最初以订阅盒子形式推出，里面是椰子油、紫玉米粉等各种纯天然材质，附带说明书，以便顾客制作自己的化妆品。LOLI 现在提供基底、混合配料和美容食谱三种搭配类目，线上线下齐头并进。这种

模式结合了个性化、订阅和成分透明三大热门趋势，未来成长空间广阔。

基因组学也被应用于个性化美容，不同于一般的皮肤状况评估，前沿的科技公司正主打美容为重点的 DNA 检测。例如：SkinGenie 利用基因组学和 AI 为用户的护肤习惯提供风险倾向评分，并根据用户的基因组提供进行产品推荐。

尽管 3D 打印还没有在美容业中扮演主流角色，但我们已经看到了早期的实验，比如 Mink 的 3D 打印定制化妆品和 Smashbox 的 3D 打印唇膏。

（七） 走出实验室， 新型美容产品来自于有机农场

无论在食品和还是美容领域，人们都对有机和植物性成分表现出极大的兴趣。包括姜黄、辣木、椰子油和益生菌在内的原材料正在被美容品牌整合。

作为食品与美容产品的纽带，美容品牌正在探索与农业更紧密地合作，寻找多样化的原料来源。原料采购是美容品牌的一个重要方面，尤其是致力于打造天然产品的品牌。天气、土壤、风等因素都可能阻碍天然原料的使用，诸如荷荷芭油、玫瑰果油和其他一些流行的美容成分已经面临全球作物短缺的问题，这给依赖这些原料的品牌带来了风险。

许多主打天然产品的美容品牌已经开始通过与农场合作，并将他们的公司建在农场上，以实现纵向一体化，将农场作为实验室来测试原料和自然技术。像果漾美人（Juice beauty）、Tata Harper（编者注：一个有机护肤品牌，以创始人的名字命名）、Beekman 1802 等天然美容品牌，正在通过租用或购买农场来更好地评估和控制原料的生产过程，缩短“从农场到脸”的周期。注重农业保护的生物动力美容（Biodynamic beauty）正在兴起，这可能会进一步提高有机美容产品的标准。

独立品牌正开始与农场和农业研究公司直接合作，以提高原料的可持续性并开发新原料。例如，有机护肤品牌 Ogee 向有机农业研究基金会提供一定比例的分成，以将更多的有机作物纳入产品；新西兰品牌

Te Mana已经与农业研究机构合作开发了一种美利奴羊毛胶原蛋白，据说具有去角质和软化的功效。

越来越多的美容品牌推出了农场旅游，以提高消费者的参与度，回应其对产品透明度的需求。除了农业技术，生物技术也将进一步影响未来美容产品的生产。科技公司正通过细胞培养、发酵和基因编辑等方式对新食物源进行生物工程研究。例如，独角兽公司Ginkgo BioWorks为客户设计了定制微生物，通过基因工程的发酵，不用依赖昂贵的玫瑰花瓣就生产出具有独特香味的玫瑰精油。

虽然基因编辑技术还处于萌芽阶段，但在未来的美容成分生产中可能会发挥巨大的作用。这项技术的潜在好处包括帮助农民培育抗病作物或培育新的植物品种，进而转化为天然化妆品的原料生产优势。

（八）奢侈化妆品更“亲民”，订阅模式引领风尚

当美妆电商Birchbox在2010年推出美妆电商时，电子商务订阅模式引领了一股消费新风尚。

化妆品牌Beauty Pie旨在实现“奢侈化妆品的民主化”，他们的产品号称与高端品牌产自同一代工厂且使用同样的配方，但却只以出厂价销售给会员。Beauty Pie的网站采用会员制（每月会费10美元），零售32美元的洗面奶会员价只要5.38美元，会员可以在一个月内最多购买零售总价为100美元的产品。Public Goods、Brandless等品牌也采用了相同的模式。

（九）D2C模式成为行业标配

D2C（Direct - to - Consumer，直接面向消费者）的美容品牌占据越来越多的市场份额，面对这一挑战，大公司开始通过收购强势品牌，或将D2C纳入自己的商业模式。

联合利华分别在 2017 年 9 月和 11 月收购了韩国科淳化妆品集团（Carver Korea）和 Sundial。联合利华和宝洁在 2017 年 12 月分别收购了天然体香剂品牌 Schmidt's Naturals 和 Native。诸如此类的收购不胜枚举。

除了收购，现有企业还推出了其他 D2C 的项目。例如，联合利华去年推出了许多新品牌，与直接面向消费者的初创公司展开竞争。这些新品牌旨在将产品覆盖到分销渠道的每个角落，比如完全直面向消费者的个性化皮肤护理订阅服务，线上线下结合销售，以及与杂货店、药店或其他专卖店合作。这些品牌的目标客户群则是热衷于天然可持续美容产品的消费者。未来，收购或将继续激增，其他行业的大玩家也将开始纷纷争购美容初创公司。

（十）“网红 +KOL”，社交媒体成营销新战场

美容产品公司一直在努力吸引现代消费者。如今，社交销售模式正在复苏。例如，美国健康美妆创新品牌 BeautyCounter 没花一分钱做传统广告，而是依靠其独立顾问网络来销售产品。

市值数十亿的巨头品牌正在将社交媒体营销作为其商品销售策略的核心部分。法国潮牌 Younique 采用数字销售模式，为卖家建立个性化的电子商务网站，举办线上销售派对等；而药妆品牌 Rodan + Fields 则采用使用产品前后的自拍对比吸引消费者。

零售商也利用社交媒体平台来扩大销售。丝芙兰已经尝试了用 Instagram 进行营销：将产品植入到 Instagram 上的内容中，用户通过点击可以跳转到原始的购物网站。一些较小的美容品牌也利用 Instagram 这一强大的社交媒体社区购物来销售其产品。

KOL 营销也在美容行业扮演着重要角色。许多初创品牌选择与有影响力的大企业合作，依靠大 V 提高自己的知名度。大品牌也正在努力吸引新晋网红参与产品推广。比如，康泰纳仕（Conde Nast）旗下的美容杂志 Allure 与美妆品牌 Covergirl 合作推出了“Allure 孵化器”计

划——不是孵化创业公司，而是让几位在美妆领域表现出色的网红互相竞赛，胜出者将被选中加入 Covergirl 的 KOL 团队“Covergirl Collective”。

（十一）“美容 + 健身 + 保健”，开拓新蓝海

美容产品和体验日益与健身和保健息息相关。对于高端健身工作室，锻炼后的美容产品与锻炼本身一样重要。许多工作室已与美容品牌合作提供有吸引力的设施，以吸引更多的客户参与。例如，Barry's Bootcamp 在其更衣室内提供奢侈护发品牌 Oribe 的产品。

运动美容产品就是健身和美容相结合的最佳证明，从最初的运动防汗美妆，现在已扩展到运动后的清洁类和舒缓镇静类产品。“运动休闲美容”的兴起带火了一批美容品牌，MAC、Clinique 等老牌企业也紧跟潮流，开发出干洗香波、防汗睫毛膏和有色润肤霜等一系列新品。

随着美容品牌迎合消费者的健身需求，健身品牌也开始逆向打入美容领域。例如，健身 O2O 鼻祖 ClassPass 最近在尝试按需定制的美容 - 健康产品，包括红外线桑拿、冷冻疗法，以及按摩和面部美容等服务。

美容和保健也渐渐合二为一。许多初创公司正依托美容补充剂开辟新的商机：提供具有美容功效的维生素和补充剂套餐，主推的功效有减肥、清洁皮肤和改善发质。美容零售商如丝芙兰也在售卖美容维生素和补充剂。

除了以上这些主要的行业趋势之外，伴随着消费者需求升级，更加注重健康与美的可持续性，美容行业也面临着更严格的监管与审查，促使老牌公司和初创品牌重新考量化妆品的配方。

但毋庸置疑的是，包括人工智能、3D 打印，以及甚至区块链在内的技术正在并将继续使美容行业更加高效、透明，以及个性化。但正如美妆品牌 NYX 副总裁 Mehdi Mehdi 的黄金法则中所阐述的那样：“不要为了技术而使用技术，美容行业最终要关注皮肤及外表之下更深层的东

西，这才是技术的价值所在。”

（十二）人工智能助力医美营销大升级

只花了1分钟检测，26岁的周小姐利用嫦娥智能机器人就得到了一份详细的皮肤分析报告，针对她最关心的皱纹和美白等问题都给出了详尽的数据分析。随着技术的普及，人工智能渗透到各个领域，其中就包括了以传统到店模式为主的医美行业。

近两年来，医美行业整体向着强调技术、强调管理能力、强调客户关系维护、强调消费体验的方向转向，所有这些变化都指向医美行业需要为用户提供更加专业、长期的服务。人工智能辅助诊断走向患者端，实现患者自查，可以指导患者更准确地挂号或者选择合适的医生。

包括美国、英国在内的科技强国，虽然人工智能仍然处于入门水平，但这也给中国的创业企业留下了巨大的商业机会。比如嫦娥机器人的亮相，也宣示了未来医疗美容行业要向科技医美、向技术取胜的发展方向。未来人工智能也必将在医美领域大放异彩。

三、新美业与医美融合

在传统消费观念里，物美价廉、实用主义、性价比等行为习惯长期占据上风。而近年来随着国民生活水平的提高，则涌现了新一轮的“消费升级”：产品结构更迭、小众商品流行，体验性消费占比加大，大家更加注重消费带来的品质体验，以及产品服务的核心价值。

在消费升级的大环境里，医美行业进入了“新陈代谢”阶段。万亿市场规模的美业市场，正处于变革的关键期，成本上升、竞争加剧、需求变化等因素，倒逼着美业商家进行转型升级。

2017 年，美团点评丽人提出了“新美业”概念。2018 年 10 月 25 日，在北京举行的 2018 丽人行业高峰论坛上，为了全面落地“新美业”的概念，美团点评丽人推出了“提升运营效率 + 优化用户体验”的综合解决方案——“美业店　美团芯”计划，为商家提供营销、系统和运营的整体价值。

初期计划在美容、轻医美和美妆领域进行试点，目前合作商家包括 XURFACE 超体面、克丽缇娜、美肌工坊、星和医美科技（星和爱漂亮）、林清轩等在内的知名美业品牌。

（一）“美业店美团芯”计划

从产业发展的曲线来看，头部的互联网平台在完成 C 端的流量积累和价值服务角色之后，开始将目光聚焦到 B 端。一方面从流量思维，单纯的信息匹配，向专业精细的服务思维转变，赋能商家和产业链；另一方面，不断拓展新 B 端服务的边界，寻找线上线下可以切入的新场景入口，以新体验寻找到新的消费人群，这也是目前诸如腾讯、阿里巴巴、美团点评、京东等互联网巨头在“新零售”领域角力的原因。

在互联网下半场的争夺中，美团点评在 B 端的布局逐步深入。除了传统的餐饮强势板块之外，“到店”开始聚焦新的细分业务场景，迎来了发展的契机。美团点评丽人事业部源于 2015 年上线的丽人业务，归属新到店事业群，主要包含美发、美容、美甲，以及新增的医美、美妆等，旨在深耕美业，专注为美业商户和用户提供线上线下的服务。

美业的市场有多大？预计到 2020 年，美业市场规模将接近 2 万亿，平均年增长率 15%。

尽管市场规模和潜力足够大，但是美业行业市场集中度低，具有高更迭率，每天有大量新商户涌入，又有经营不善的商户关门歇业，头部口碑品牌店稀缺，无论是一二线城市，还是四五线城市，美业市场都处于一个充分竞争的状态，市场呼唤新的产业形态出现。

美团点评丽人事业部总经理张晶对“新美业”做了阐释，“2018 年是线上线下一体化元年，结合模式创新和技术创新，我们希望能够深度融合线上与线下，与美业从业者共创新美业，未来目标是升级改造 10 万家美业店。”

为了全面落地“新美业”的概念，美团点评丽人推出了“提升运营效率 + 优化用户体验”的综合解决方案——“美业店　美团芯”计划，为商家提供营销、系统和运营的整体价值，帮助线下美业店改造升级。初期计划在美容、轻医美和美妆领域进行试点。

（二）美业市场变化

为什么美业产业到了需要升级改造的时机？当前美业产业正处于转型的阵痛期，随着大环境的变化，经营成本的不断提升，消费者需求不断更趋多样化，对于美业而言，新美业、新玩法呼之欲出。

据美团方数据，从商户端的角度来看，2017 年整个美业行业每年有 42% 的新开业率和 28% 的关店率，这是一个非常高更迭的市场。2018 年上半年以来，整个美业产业关店率在升高。单店的人效增速也在放缓。从 2017 年到 2018 年，本质上没有大的突破和变化。此外，美业商家的两大主要经营成本租金和人工，从 2016 年到 2018 年，这两项开支逐年增加。

再来看看用户端的数据，消费者越来越理性，25 岁以下的年轻用户从 2016 年的 29% 占比上升到 2018 年 40% 占比，他们线上评价意愿变强，美团点评平台上每年的评论数在递增，用户也愿意将自己的服务过程和效果分享出来。归纳来看，张晶认为，美业市场的变化主要表现在三个方面。

（1）经营的“成本上升”，主要是租金成本、人工成本和获客成本上升，线下可利用门店减少，企业经营越来越要求规范化、合规化。

（2）同行的“竞争加剧”，同质化竞争的现象严重，不管是 SPA

馆、理发店、美甲店，大多以一样的模式经营，同质化的结果是最后打价格战，这对行业未来的发展是有伤害的。其次是效率瓶颈，因为采用同质化的经营方式，导致店铺人效没有大的突破。另外，规模陷阱频现，特别是医美、轻医美行业，在资本催生下企业很容易陷入盲目门店扩张的状态下，但往往并没准备好足够的人才储备和信息化系统。

（3）市场环境的“需求变化”。首先是同样的城市和消费人群的消费分级趋势明显；其次，年轻用户的占比增高，年轻用户消费习惯上拒绝推销、拒绝办卡，那么需要考虑如何获客和提高 ARPU 值；最后，决策引导上，年轻用户愿意分享他们的服务体验，也愿意把自己的服务过程告诉别人，评论的价值越来越重要。

基于以上市场现状，市场在呼唤美业创新的到来。伴随着整体美业线上化进程加速和技术的不断成熟，原有美业门店形态也在变化，出现了类似“小面积、高密度、连锁化”的新模式，这对整体解决方案的要求比以往任何时候都高，也是平台进一步深入产业的机会。

（三）“新美业”新在哪里

“新美业”的概念，美团点评丽人 2017 年已经提出，2018 年提出的“美业店　美团芯”解决方案，致力于成为门店的引擎和商家增加收入的动力，甚至成为美业行业整体行业升级的内核。

对于新美业生态，美团点评将从“店”和“人”两方面进行布局。所有的美业服务都是进店的行为。这里的“店”是指帮助商家构建“线上店”＋升级“实体店”，并实现全渠道运营；“人”是指“会员管理”＋“员工赋能”；同时，通过信息线上化、服务系统化、智能软硬件、数据支持等底层能力完成新美业的晋级之路。

赋能方式上，重新定义的新美业生态以“新供给、新体验、新营销、新服务、新人才”为核心。

具体来看，供给不单单是商品或服务，对新美业而言，新供给意味着“服务 + 商品”，或者说服务带商品，这也是提高单店坪效的有效途径。

用户体验要变得更好，比如线上预约服务、购买商品，三十分钟送货到家，让消费者享受便捷服务。

随着线上线下深度融合，线下行为逐步线上化，移动化、数字化体验已开始向更多本地生活服务行业渗透，用户可以直接在线上完成预约、支付、购买、评价等行为；在这样的形态下，以全渠道、精准数据为核心的新营销模式将会成为提升目标受众消费总价值的关键，比如线下智慧店会给商家安装智能电话、肌肤检测工具，把会员的信息、数据和平台对接，实现线上线下的无缝全渠道运营。

同时平台还会提供工具来帮助手艺人、美妆顾问全面连接消费者，让他们成为品牌的纽带和销售的引擎，另外还有美业学院，希望帮助更多的美业专业人才。

相对于 2017 年的新美业概念，2018 年升级迭代后的“新美业”强调的是新供给和新体验对线下店的改造，比如新店开业门店线上的信息化系统搭建、通过闭环的交易方式获客、通过门店智慧化的 SaaS 系统，沉淀全网数据，提升运营效率等。

此外，美团点评的价值除了营销外，更大的价值是品牌无形资产，消费者评论也能够给用户很大的引导决策，从而带动整体店的口碑和销售。

（四） 10 万家美业门店改造

一言以蔽之，“美业店 美团芯”囊括线上线下，包含基础能力、营销能力、服务能力、商户经济分析能力，将不断渗透和帮助用户提高经营效率，不仅仅服务传统的“三美”，同时在美容、轻医美和美妆领域进行试点。

美团点评丽人能够这样做，这是基于超过 5000 万的月活跃人数，覆盖全国 2800 个县市，连接了 200 万丽人商家，覆盖了 12 个丽人细分行业，从主流的美容、美发、美甲、美睫到舞蹈、瑜伽、美妆、医美，品类不断扩充。

美团点评丽人还拥有本地化的精准流量，因为美团点评是基于 LBS 体系，能够基于本地化进行精准推荐，串联起餐饮、看电影、打车、住酒店多场景的丰富生态，凭借积累的技术和数据，打通线下线上进行全渠道运营。

（五）星和医美典型战略合作样本

2018 年，美团点评丽人与星和医美科技集团（以下简称星和医美）等五家合作战略，目前合作商家包括 XURFACE 超体面、克丽缇娜、美肌工坊、星和医美、林清轩等在内的知名美业品牌。

其中，与美丽田园旗下 XURFACE 超体面合作的新美业概念店于 2018 年 10 月开业。这家位于上海打浦桥地区的店铺目前已接入在线预定、团购、评价等交易闭环功能，完成了信息线上化。

同时，供给层面，在原有美容服务的基础上增加商品维度，用服务带零售，并接入即时配送的底层能力。用户可以通过手机一键预约服务时间、购买服务和护肤产品，通过美团外卖体验 30 分钟内产品送货到家。后续还将接入包括 CRM 管理、用户消费行为系统，为商家提供线上线下全链路消费渠道和行为的数据分析，提高目标受众消费总价值。

作为唯一的轻医美合作方，星和医美于 2008 年在中国台湾地区成立，10 年经营，已成为台湾地区最大的直营连锁医美诊所，2015 年开始进入中国大陆，目前共计 14 家医美诊所和 50 多家生活美容智慧门店，也开始发布小程序分销平台，以及在各大电商平台上架产品。

星和医美能被美团点评青睐的原因，在于其打造的“三美齐驱”和“网红口碑”模式，三美是轻医美、生活美容、护肤保养品，让消费者享有全方位的变美体验，让皮肤管理成为新行业分类，用户跨度从

15岁到35岁，以完整的用户体验提升品牌黏性与增加消费者的转化率，而网红口碑是星和医美所有的传播都基于KOL，星和医美积累了几十万名明星红人忠实粉丝。

美团点评丽人与星和医美的合作包括有新美业概念店的打造、系统工具赋能、流量入口打通等，培养消费者使用美团点评购买服务和产品的习惯及提升购买频次。星和推出的星和爱漂亮美颜馆全部使用美团的系统，比如商品货架、线上支付、实时预约服务、商品3km/全城/代送等配送、全渠道会员服务、智能硬件等，共同提升用户体验和经营效率。

星和爱漂亮美颜馆将生活美容视为医美前期的体验服务及术后的配套服务，从而产生新的产业链。星和爱漂亮与美团点评的合作，主要是通过系统做线上与线下的资源整合，通过美团点评提供的系统工具，星和爱漂亮可获得来自美团的巨大流量，同时拓宽渠道。星和与独角兽企业美团点评的合作，也能获得许多无形的资源，比如品牌和更多商业合作伙伴的支持。

对于双方的合作，星和医美董事长林信一认为："大家都在讲服务，那么怎么才能给消费者带来好的服务，这其实需要借助科技的力量，重构之前老旧的服务模式，要形成数据化的底层技术支撑。美团点评丽人除了给我们提供流量上的支撑外，最主要的还在于后续的线上线下的服务帮助。目前，星和医美已正式启动A轮融资用于门店（诊所和美容院）扩张。"技术赋能美业产业升级，美团点评在美业的数字化和信息化升级大道上，将持续进击。

四、寻找医美下一个黄金10年

作为医美领域最丰厚的营销板块，医美App作为新的流量入口，借助互联网打通内容、社交与交易环节，实现高效的人群触达，重塑了消费医疗服务产业链，打破信息不对称，大幅提升了行业效率。

但相对于欧美等国外成熟市场，中国医美市场依然处于一个快速发展的增量市场，“90后”“95后”等年轻群体成为新的潜力人群，他们的消费习惯，倒逼着传统的大型医美机构进行改革，通过服务、产品和技术创新，满足年轻一代的变美需求。

当然，医美产业依然面临一些问题，比如连锁跨区域扩张难、更宽泛的线上流量入口在哪里、服务和产品的标准化等，随着美团点评、阿里健康等互联网巨头加入，整个医美市场也将迎来新一轮阵地战。

中国医美行业在经历了10年的爆发期之后，下一个黄金10年又在哪儿？

行业的现状是，大量的“90后”“95后”年轻人群涌入医美市场，创造了新的消费潜力，医美消费慢慢从奢侈的整形向健康美容的日常体验方向转变，高频化、本地化、平价化是未来可见的趋势。

能够发生这样的转变，是因为以美图、抖音为代表的互联网公司，在过去几年里给医美行业培养出了大量有潜力的消费用户，让他们开始真正发现了美颜的需求，虚拟美颜已经成为互联网用户刚需。

大多数人其实没做过整形手术，当这些年轻人发现现实中的样子不如美颜相机里漂亮的时候，就会有落差，驱使他们开始考虑医美消费的契机就出现了。某种程度上说，一大批美颜、直播、视频App扳动了行业增量扳机。

从市场规模来看，医美行业价值最丰厚的板块就是营销，需要寻找新的线上的流量入口。目前美团点评、阿里健康都已经加入医美市场争夺，线上医美业务加在一起，还不到全行业5%的销售额，并且未来将会是一个更大的增量市场。现阶段医美行业依然处于积累用户和市场教育的过程中，留给渠道方比较大的利润空间，还没有到“烧钱”去补贴用户的阶段。

中国千亿级医疗美容市场尚处早期阶段，增长潜力巨大。在成熟的欧美、日韩市场，20%市场是美容，80%市场是抗衰，中国市场情况完全是颠倒过来的。在中国，80% 的消费是为了变得更漂亮，20% 才是抗衰或者是年轻化的项目，但 10 年之后也会变成美国市场的样子，更多用户会寻求维持更年轻的状态、更紧致的皮肤，或者更匀称的身材，而不是直接做整形手术。

抗衰是一个非常热的新兴市场，虽然需求还没有那么多，其增速很快，在更美平台的搜索量每季度增长 50% 左右。抗衰基数不太大的原因在于目前客单价很高，也需要更加个性化、更专业的服务，而且抗衰还涉及海外就医。

未来 10 年医美产业将变得更全民化、高频化和健康化，更多人愿意花钱维持一个比较健康的状态，而不是花更多钱去隆鼻、割双眼皮。三五年内，整形还是会呈增幅状态，但是长远来看已经不是市场最有潜力的部分，更多钱会流向减肥、牙科、眼科、皮肤管理、妇产这样的项目上，医美可能是利润最高的一块，但绝对不是全部。中国线下的医美或者大美业的市场，两三年里就会发生翻天覆地的变化，而未来还会延续这样的变化状态。

附录一　医疗美容＋医疗专业术语表

E

眼皮整形（开眼角）（eyelid surgery）：内外眦成形术俗称开眼角。它是通过手术方式，分别对内、外侧眼角进行矫正放大，以去除内眦赘皮、延长眼裂水平长度，来达到放大眼睛的效果。

F

脸部提拉（除皱）（Face lift）：在头部上方，沿两边耳际做环形切口，不间断表皮、肌肉、筋膜去掉很宽的多余组织，同时悬吊筋膜，效果明显，使面部皱纹老化松弛的现象消失。

N

鼻梁矫形（隆鼻）（nose reshaping；rhinoplasty）：是指通过在鼻部填充自体、异体组织或组织代用品以垫高外鼻，达到改善鼻部容貌的手术。隆鼻手术切口有鼻小柱切口、鼻腔内切两种术式，其中鼻腔内切口（靠近鼻小柱一侧）因切口隐蔽、外表看不到痕迹而被普遍采用。

P

光子嫩肤（photorejuvenation）：先进的高科技美容项目，采用特定的宽光谱彩光，直接照射于皮肤表面，它可以穿透至皮肤深层，选择性作用于皮下色素或血管，分解色斑，闭合异常的毛细血管，同时光子还能刺激皮下胶原蛋白的增生。

U

超声刀（ultrasound knife）：一种高强度聚焦式超音波，以高强度聚焦式超音波作用于皮肤，精确聚焦在皮下脂肪层下部的真皮层（smas层），从而启动胶原增生重组，从根本上解决皮肤老化问题，是一种革命性非手术抗衰老技术。

附录二　医疗美容公司名录（节选）

公司名称	公司业务	时间	融资轮次	金额	投资方
新氧	致力于用科技的方式帮助爱美女性健康变美	2018. 9	E	7000 万美元	兰馨亚洲投资集团领投，中银国际控股有限公司、中俄投资基金、经纬中国跟投
更美	一款美容整形专业的问答手机软件，收录了美容整形科医生和美容整形机构	2018. 7	D1	5000 万美元	美图公司与道合母基金
西婵整形美容医院	四川省一家整形美容专科医院	2017. 8	战略投资	2 亿元	深圳高特佳投资集团

附录三　医疗美容+医疗投资大事年表

2018 年 12 月 24 日，在第四届新氧亚太医美行业高峰论坛上，全球顶级的互联网医美平台新氧和赴日医美一站式服务提供商 YCISM 宜采签订战略合作协议，新氧日本馆交由宜采运营。据悉，这是新氧首次面向海外业务进行投资。出席签约仪式的嘉宾有新氧 CEO 金星、宜采 CEO 汪千晴，以及银座美幸美容外科理事兼事务长阿波贺知史、自由之丘美容整形医院事业战略统筹部长古山喜章等日本医美机构和医生的代表。

2018 年 11 月 13 日，轻医美品牌荟百颜医疗美容（隶属于南京荟百颜医疗美容门诊部有限公司，以下简称“荟百颜”）已完成近 2000 万元首轮融资，领投方为和灵资本。资料显示，荟百颜开业于 2018 年 5 月，旗舰店位于江苏省南京市主城区繁华的河西 CBD 中央商务区，毗邻南京奥体中心，营业面积约 3000 平方米，内设整形中心、微整中心、皮肤管理中心等。公司计划未来 3 年内在长三角地区建设不少于 20 家连锁医疗美容机构。

2018 年 9 月 13 日，互联网医药健康标杆企业阿里健康与全球医美领军企业艾尔建签署战略合作协议。同一天，基于医美机构 LBS（地理位置展示）的阿里健康医美平台在手机淘宝、天猫 App 正式上线。这两家企业的合作，标志着双方将在医美领域建立全新的服务标准。据悉，双方将以移动互联网、人工智能（AI）等创新技术为驱动力，整合自身在中国医疗美容领域的优势资源，积极探索线上线下结合的 O2O 模式，通过阿里健康医美平台，在医美药品鉴真查询、医美消费者教育、线上医美预约服务等方面开展合作。

推荐作者得新书！

博瑞森征稿启事

亲爱的读者朋友：

感谢您选择了博瑞森图书！希望您手中的这本书能给您带来实实在在的帮助！

博瑞森一直致力于发掘好作者、好内容，希望能把您最需要的思想、方法，一字一句地交到您手中，成为管理知识与管理实践的桥梁。

但是我们也知道，有很多深入企业一线、经验丰富、乐于分享的优秀专家，或者忙于实战没时间，或者缺少专业的写作指导和便捷的出版途径，只能茫然以待……

还有很多在竞争大潮中坚守的企业，有着异常宝贵的实践经验和独特的洞察，但缺少专业的记录和整理者，无法让企业的经验和故事被更多的人了解、学习……

对读者而言，这些都太遗憾了！

博瑞森非常希望能将这些埋藏的“宝藏”发掘出来，贡献给广大读者，让更多的人从中受益。

所以，我们真心地邀请您，我们的老读者，帮我们搜寻：

推荐作者

可以是您自己或您的朋友，只要对本土管理有实践、有思考；可以是您通过网络、杂志、书籍或其他途径了解的某位专家，不管名气大小，只要他的思想和方法曾让您深受启发。

可以是管理类作品，也可以超出管理，各类优秀的社科作品或学术作品。

推荐企业

可以是您自己所在的企业，或者是您熟悉的某家企业，其创业过程、运营经历、产品研发、机制创新，等等。无论企业大小，只要乐于分享、有值得借鉴书写之处。

总之，好内容就是一切！

博瑞森绝非“自费出书”，出版费用完全由我们承担。您推荐的作者或企业案例一经采用，我们会立刻向您赠送书币 1000 元，可直接换取任何博瑞森图书的纸书或电子书。

感谢您对本土管理原创、博瑞森图书的支持！

推荐投稿邮箱：bookgood@126.com　　推荐手机：13611149991

1120 本土管理实践与创新论坛

这是由 100 多位本土管理专家联合创立的企业管理实践学术交流组织,旨在孵化本土管理思想、促进企业管理实践、加强专家间交流与协作。

论坛每年集中力量办好两件大事:第一,“**出一本书**”,汇聚一年的思考和实践,把最原创、最前沿、最实战的内容集结成册,贡献给读者;第二,“**办一次会**”,每年 11 月 20 日本土管理专家们汇聚一堂,碰撞思想、研讨案例、交流切磋、回馈社会。

论坛理事名单(以年龄为序,以示传承之意)

企业案例·老板传记

	书名．作者	内容/特色	读者价值
企业案例·老板传记	**你不知道的加多宝：原市场部高管讲述** 曲宗恺　牛玮娜　著	前加多宝高管解读加多宝	全景式解读，原汁原味
	借力咨询：德邦成长背后的秘密 官同良　王祥伍　著	讲述德邦是如何借助咨询公司的力量进行自身与发展的	来自德邦内部的第一线资料，真实、珍贵，令人受益匪浅
	娃哈哈区域标杆：豫北市场营销实录 罗宏文　赵晓萌　等著	本书从区域的角度来写娃哈哈河南分公司豫北市场是怎么进行区域市场营销，成为娃哈哈全国第一大市场、全国增量第一高市场的一些操作方法	参考性、指导性，一线真实资料
	六个核桃凭什么：从0过100亿 张学军　著	首部全面揭秘养元六个核桃裂变式成长的巨著	学习优秀企业的成长路径，了解其背后的理论体系
	像六个核桃一样：打造畅销品的36个简明法则 王　超　范　萍　著	本书分上下两篇：包括“六个核桃”的营销战略历程和36条畅销法则	知名企业的战略历程极具参考价值，36条法则提供操作方法
	解决方案营销实战案例 刘祖轲　著	用10个真案例讲明白什么是工业品的解决方案式营销，实战、实用	有干货、真正操作过的才能写得出来
	招招见销量的营销常识 刘文新　著	如何让每一个营销动作都直指销量	适合中小企业，看了就能用
	我们的营销真案例 联纵智达研究院　著	五芳斋粽子从区域到全国/诺贝尔瓷砖门店销量提升/利豪家具出口转内销/汤臣倍健的营销模式	选择的案例都很有代表性，实在、实操！
	中国营销战实录：令人拍案叫绝的营销真案例 联纵智达　著	51个案例，42家企业，38万字，18年，累计2000余人次参与……	最真实的营销案例，全是一线记录，开阔眼界
	双剑破局：沈坤营销策划案例集 沈　坤　著	双剑公司多年来的精选案例解析集，阐述了项目策划中每一个营销策略的诞生过程，策划角度和方法	一线真实案例，与众不同的策划角度令人拍案叫绝、受益匪浅
	宗：一位制造业企业家的思考 杨　涛　著	1993年创业，引领企业平稳发展20多年，分享独到的心得体会	难得的一本老板分享经验的书
	简单思考：AMT咨询创始人自述 孔祥云　著	著名咨询公司（AMT）的CEO创业历程中点点滴滴的经验与思考	每一位咨询人，每一位创业者和管理经营者，都值得一读
	边干边学做老板 黄中强　著	创业20多年的老板，有经验、能写、又愿意分享，这样的书很少	处处共鸣，帮助中小企业老板少走弯路
	三四线城市超市如何快速成长：解密甘雨亭 IBMG国际商业管理集团　著	国内外标杆企业的经验+本土实践量化数据+操作步骤、方法	通俗易懂，行业经验丰富，宝贵的行业量化数据，关键思路和步骤
	中国首家未来超市：解密安徽乐城 IBMG国际商业管理集团　著	本书深入挖掘了安徽乐城超市的试验案例，为零售企业未来的发展提供了一条可借鉴之路	通俗易懂，行业经验丰富，宝贵的行业量化数据，关键思路和步骤

互联网+

	书名．作者	内容/特色	读者价值
互联网+	**新营销** 刘春雄　著	新营销的新框架体系是场景是产品逻辑，IP是品牌逻辑，社群是连接逻辑，传播是营销逻辑	助力品牌商实现由传统营销到新营销的理念和行动的跨越，助力企业打赢升级转型之仗
	企业微信营销全指导 孙　巍　著	专门给企业看到的微信营销书，手把手教企业从小白到微信营销专家	企业想学微信营销现在还不晚，两眼一抹黑也不怕，有这本书就够

续表

互联网+	**企业网络营销这样做才对:B2B大宗B2C** 张　进　著	简单直白拿来就用,各种窍门信手拈来,企业网络营销不麻烦也不用再头疼,一般人不告诉他	B2B、大宗B2C企业有福了,看了就能学会网络营销
	互联网时代的银行转型 韩友诚　著	以大量案例形式为读者全面展示和分析了银行的互联网金融转型应对之道	结合本土银行转型发展案例的书籍
	正在发生的转型升级·实践 本土管理实践与创新论坛　著	企业在快速变革期所展现出的管理变革新成果、新方法、新案例	重点突出对于未来企业管理相关领域的趋势研判
	触发需求:互联网新营销样本·水产 何足奇　著	传统产业都在苦闷中挣扎前行,本书通过鲜活的案例告诉你如何以需求链整合供应链,从而把大家熟知的传统行业打碎了重构、重做一遍	全是干货,值得细读学习,并且作者的理论已经经过了他亲自操刀的实践检验,效果惊人,就在书中全景展示
	移动互联新玩法:未来商业的格局和趋势 史贤龙　著	传统商业、电商、移动互联,三个世界并存,这种新格局的玩法一定要懂	看清热点的本质,把握行业先机,一本书搞定移动互联网
	微商生意经:真实再现33个成功案例操作全程 伏泓霖　罗晓慧　著	本书为33个真实案例,分享案例主人公在做微商过程中的经验教训	案例真实,有借鉴意义
	阿里巴巴实战运营——14招玩转诚信通 聂志新　著	本书主要介绍阿里巴巴诚信通的十四个基本推广操作,从而帮助使用诚信通的用户及企业更好地提升业绩	基本操作,很多可以边学边用,简单易学
	阿里巴巴实战运营2:诚信通热卖技巧 聂嵘海　著	诚信通TOP商家赚钱的密码箱,手把手教你操作,拿来就用	图文并茂,内容齐全,直接可以对照使用
	抖音营销如何做:未来抖商 刘大贺　著	解密从0到1亿粉丝的实操路径,深度剖析抖音营销全系统策略	企业做抖音营销的第一书
	微商团队长:从入门到精通 罗品牌　著	由浅入深,涵盖微商团队长必学技能的方方面面	只要照着做,就能当好微商团队长
	互联网精准营销 蒋　军　著	怎么在互联网时代整体策划、包装品牌和产品,并在此基础上为企业设计商业模式,技术实现并运营落地	为有基础的小微企业(大企业的新项目)1年实现销售额过亿,2年对接资本,3年左右准IPO
	今后这样做品牌:移动互联时代的品牌营销策略 蒋　军　著	与移动互联紧密结合,告诉你老方法还能不能用,新方法怎么用	今后这样做品牌就对了
	互联网+"变"与"不变":本土管理实践与创新论坛集萃·2016 本土管理实践与创新论坛　著	本土管理领域正在产生自己独特的理论和模式,尤其在移动互联时代,有很多新课题需要本土专家们一起研究	帮助读者拓宽眼界、突破思维
	创造增量市场:传统企业互联网转型之道 刘红明　著	传统企业需要用互联网思维去创造增量,而不是用电子商务去转移传统业务的存量	教你怎么在"互联网+"的海洋中创造实实在在的增量
	重生战略:移动互联网和大数据时代的转型法则 沈　拓　著	在移动互联网和大数据时代,传统企业转型如同生命体打算与再造,称之为"重生战略"	帮助企业认清移动互联网环境下的变化和应对之道
	画出公司的互联网进化路线图:用互联网思维重塑产品、客户和价值 李　蓓　著	18个问题帮助企业一步步梳理出互联网转型思路	思路清晰、案例丰富,非常有启发性
	7个转变,让公司3年胜出 李　蓓　著	消费者主权时代,企业该怎么办	这就是互联网思维,老板有能这样想,肯定倒不了
	跳出同质思维,从跟随到领先 郭　剑　著	66个精彩案例剖析,帮助老板突破行业长期思维惯性	做企业竟然有这么多玩法,开眼界

续表

行业类：零售、白酒、食品/快消品、农业、医药、建材家居等			
书名．作者		内容/特色	读者价值
零售·超市·餐饮·服装	总部有多强大，门店就能走多远 IBMG 国际商业管理集团　著	如何把总部做强，成为门店的坚实后盾	了解总部建设的方法与经验
	超市卖场定价策略与品类管理 IBMG 国际商业管理集团　著	超市定价策略与品类管理实操案例和方法	拿来就能用的理论和工具
	连锁零售企业招聘与培训破解之道 IBMG 国际商业管理集团　著	围绕零售企业组织架构、培训体系建设等内容进行深刻探讨	破解人才发现和培养瓶颈的关键点
	中国首家未来超市：解密安徽乐城 IBMG 国际商业管理集团　著	介绍了乐城作为中国首家未来超市从无到有的传奇经历	了解新型零售超市的运作方式及管理特色
	三四线城市超市如何快速成长：解密甘雨亭 IBMG 国际商业管理集团　著	揭秘一家三四线连锁超市的经验策略	不但可以欣赏它的优点，而且可以学会它成功的方法
	新零售　新终端 迪智成咨询团队　著	梳理和提炼新零售的系统打法，将之落地在新终端建设上	让新零售这一看似形而上的商业概念有了可以落地的立足点
	新零售动作分解：建材　家居家具 盛斌子　著	第一本锁定在家居建材、家电、家装等耐用消费品领域谈新零售的书	第一本谈新零售的具体动作、策略、方法、招术的书，拿来就用
	新零售进化趋势与未来格局 李政权　著	通过业态、品类、体验、场景等，逐一呈现新零售的未来进化	就新零售未来的发展方向与进化趋势给出一个确定性的未来
	涨价也能卖到翻 村松达夫　【日】	提升客单价的 15 种实用、有效的方法	日本企业在这方面非常值得学习和借鉴
	移动互联下的超市升级 联商网专栏频道　著	深度解析超市转型升级重点	帮助零售企业把握全局、看清方向
	手把手教你做专业督导：专卖店、连锁店 熊亚柱　著	从督导的职能、作用，在工作中需要的专业技能、方法，都提供了详细的解读和训练办法，同时附有大量的表单工具	无论是店铺需要统一培训，还是个人想成为优秀的督导，有这一本就够了
	百货零售全渠道营销策略 陈继展　著	没有照本宣科、说教式的絮叨，只有笔者对行业的认知与理解，庖丁解牛式的逐项解析、展开	通俗易懂，花极少的时间快速掌握该领域的知识及趋势
	零售：把客流变成购买力 丁　昀　著	如何通过不断升级产品和体验式服务来经营客流	如何进行体验营销，国外的好经营，这方面有启发
	餐饮企业经营策略第一书 吴　坚　著	分别从产品、顾客、市场、盈利模式等几个方面，对现阶段餐饮企业的发展提出策略和思路	第一本专业的、高端的餐饮企业经营指导书
	餐饮新营销 杨　勇　程绍珊　著	在新环境下，对餐饮营销管理进行了全面深入的解读，提供了方式方法	全面性、系统性，区别于市面上的纯操作类作品
	电影院的下一个黄金十年：开发·差异化·案例 李保煜　著	对目前电影院市场存大的问题及如何解决进行了探讨与解读	多角度了解电影院运营方式及代表性案例
	赚不赚钱靠店长：从懂管理到会经营 孙彩军　著	通过生动的案例来进行剖析，注重门店管理细节方面的能力提升	帮助终端门店店长在管理门店的过程中实现经营思路的拓展与突破
耐消品	商用车经销商运营实战 杜建君　王朝阳　章晓青　等著	从管理到经营，从销售到服务，系统化运作全指导	为经销商经营开阔思路，掌握方法
	汽车配件这样卖：汽车后市场销售秘诀 100 条 俞士耀　著	汽配销售业务员必读，手把手教授最实用的方法，轻松得来好业绩	快速上岗，专业实效，业绩无忧

续表

耐消品	**润滑油销售:这样说这样做更有效** 张金荣 著	针对渠道、经销商、终端的超实用话术	上车看,下车用,3 分钟就能学会。
	新经销:新零售时代,教你做大商 黄润霖 著	从选址、产品、促销、团队、规模阐述新经销变与不变的市场手法和操作思路	实地拜访近 100 位经销商在传统营销手法上的创新、新营销工具的发现
	珠宝黄金新营销 崔德乾 著	营销、品牌、产品、连接、场景、社群、服务、传播、管理及产业价值链	新营销在珠宝行业的实战应用,业内必备第一书
	跟行业老手学经销商开发与管理:家电、耐消品、建材家居 黄润霖 著	全部来源于经销商管理的一线问题,作者用丰富的经验将每一个问题落实到最便捷快速的操作方法上去	书中每一个问题都是普通营销人亲口提出的,这些问题你也会遇到,作者进行的解答则精彩实用
白酒	**酒水饮料快消品餐饮渠道营销手册** 朱伟杰 著	主要针对快消品(酒水、饮料)的餐饮渠道,提供了区域、商圈、不同业态的规划和促销安排等多种工具,并提出了经销商、批发商等相关人员的管理方法	一本酒水饮料如何在餐饮渠道销售的全能手册,内容深入翔实,可以直接照搬套用,这样的便利简直千金不换
	白酒到底如何卖 赵海永 著	以市场实战为主,多层次、全方位、多角度地阐释了白酒一线市场操作的最新模式和方法,接地气	实操性强,37 个方法、6 大案例帮你成功卖酒
	变局下的白酒企业重构 杨永华 著	帮助白酒企业从产业视角看清趋势,找准位置,实现弯道超车的书	行业内企业要减少 90%,自己在什么位置,怎么做,都清楚了
	1. 白酒营销的第一本书(升级版) **2. 白酒经销商的第一本书** 唐江华 著	华泽集团湖南开口笑公司品牌部长,擅长酒类新品推广、新市场拓展	扎根一线,实战
	区域型白酒企业营销必胜法则 朱志明 著	为区域型白酒企业提供 35 条必胜法则,在竞争中赢销的葵花宝典	丰富的一线经验和深厚积累,实操实用
	10 步成功运作白酒区域市场 朱志明 著	白酒区域操盘者必备,掌握区域市场运作的战略、战术、兵法	在区域市场的攻伐防守中运筹帷幄,立于不败之地
	酒业转型大时代:微酒精选 2014-2015 微酒 主编	本书分为五个部分:当年大事件、那些酒业营销工具、微酒独立策划、业内大调查和十大经典案例	了解行业新动态、新观点,学习营销方法
快消品·食品	**中国快消品营销的这些年** 史贤龙 著	作者精华文章的合集,一本书浓缩了过去十五年,中国营销的实战历程与前沿思考	快消品营销行业的案例和方法都原汁原味呈现,在反映当时风貌的同时,展望与反思
	营销中国茶:2 小时读懂茶叶营销 史贤龙 著	从不同视角对中国的茶营销进行了思考,内容涉及中国茶产业战略困境、茶企规模化、茶品牌崛起、茶文化、茶营销、茶消费、茶零售、茶道等	内容丰富扎实,文字流畅,浓缩的都是精华,让你 2 小时读懂茶叶营销
	这样打造快消品标杆市场 罗宏文 著	帮助你解决如何成功打造标杆市场和进行持续增量管理两大问题	一套系统的方法论,通俗易懂,可以直接套用
	5 小时读懂快消品营销:中国快消品案例观察 陈海超 著	多年营销经验的一线老手把案例掰开了、揉碎了,从中得出的各种手段和方法给读者以帮助和启发	营销那些事儿的个中秘辛,求人还不一定告诉你,这本书里就有
	快消品招商的第一本书:从入门到精通 刘 雷 著	深入浅出,不说废话,有工具方法,通俗易懂	让零基础的招商新人快速学习书中最实用的招商技能,成长为骨干人才
	乳业营销第一书 侯军伟 著	对区域乳品企业生存发展关键性问题的梳理	唯一的区域乳业营销书,区域乳品企业一定要看

续表

快消品·食品	金龙鱼背后的粮油帝国 余　盛　著	讲述金龙鱼品牌及母公司丰益国际的商业冒险故事	在精彩的阅读体验中学到营销管理的方法
	食用油营销第一书 余　盛　著	10 多年油脂企业工作经验，从行业到具体实操	食用油行业第一书，当之无愧
	中国茶叶营销第一书 柏　龑　著	如何跳出茶行业“大文化小产业”的困境，作者给出了自己的观察和思考	不是传统做茶的思路，而是现在商业做茶的思路
	调味品企业八大必胜法则 张　戟　著	八大规律性的关键成功要素，背后都有本土调味品企业的成功实践	“观点阐述＋案例描述”，行业必读
	调味品营销第一书 陈小龙　著	国内唯一一本调味品营销的书	唯一的调味品营销的书，调味品的从业者一定要看
	快消品营销人的第一本书：从入门到精通 刘　雷　伯建新　著	快消行业必读书，从入门到专业	深入细致，易学易懂
	变局下的快消品营销实战策略 杨永华　著	通胀了，成本增加，如何从被动应战变成主动的“系统战”	作者对快消品行业非常熟悉、非常实战
	快消品经销商如何快速做大 杨永华　著	本书完全从实战的角度，评述现象，解析误区，揭示原理，传授方法	为转型期的经销商提供了解决思路，指出了发展方向
	快消品营销：一位销售经理的工作心得 2 蒋　军　著	快消品、食品饮料营销的经验之谈，重点图书	来源与实战的精华总结
	快消品营销与渠道管理 谭长春　著	将快消品标杆企业渠道管理的经验和方法分享出来	可口可乐、华润的一些具体的渠道管理经验，实战
	成为优秀的快消品区域经理（升级版） 伯建新　著	用“怎么办”分析区域经理的工作关键点，增加 30% 全新内容，更贴近环境变化	可以作为区域经理的“速成催化器”
	销售轨迹：一位快消品营销总监的拼搏之路 秦国伟　著	本书讲述了一个普通销售员打拼成为跨国企业营销总监的真实奋斗历程	激励人心，给广大销售员以力量和鼓舞
	快消老手都在这样做：区域经理操盘锦囊 方　刚　著	非常接地气，全是多年沉淀下来的干货，丰富的一线经验和实操方法不可多得	在市场摸爬滚打的“老油条”，那些独家绝招妙招一般你问都是问不来的
	动销四维：全程辅导与新品上市 高继中　著	从产品、渠道、促销和新品上市详细讲解提高动销的具体方法，总结作者 18 年的快消品行业经验，方法实操	内容全面系统，方法实操
农业	饲料营销有方法：策略　案例　工具 陈石平　著	跳出饲料看饲料，根据饲料营销的关键成功要素（KSF）提出 7 大核心命题	紧跟农牧产业发展大势，提高饲料企业营销竞争力
	新农资如何换道超车 刘祖轲　等著	从农业产业化、互联网转型、行业营销与经营突破四个方面阐述如何让农资企业占领先机、提前布局	南方略专家告诉你如何应对资源浪费、生产效率低下、产能严重过剩、价格与价值严重扭曲等
	中国牧场管理实战：畜牧业、乳业必读 黄剑黎　著	本书不仅提供了来自一线的实际经验，还收入了丰富的工具文档与表单	填补空白的行业必读作品
	中小农业企业品牌战法 韩　旭　著	将中小农业企业品牌建设的方法，从理论讲到实践，具有指导性	全面把握品牌规划，传播推广，落地执行的具体措施
	农资营销实战全指导 张　博　著	农资如何向“深度营销”转型，从理论到实践进行系统剖析，经验资深	朴实、使用！不可多得的农资营销实战指导
	农产品营销第一书 胡浪球　著	从农业企业战略到市场开拓、营销、品牌、模式等	来源于实践中的思考，有启发
	变局下的农牧企业 9 大成长策略 彭志雄　著	食品安全、纵向延伸、横向联合、品牌建设……	唯一的农牧企业经营实操的书，农牧企业一定要看

续表

医药	**在中国,医药营销这样做:时代方略精选文集** 段继东　主编	专注于医药营销咨询15年,将医药营销方法的精华文章合编,深入全面	可谓医药营销领域的顶尖著作,医药界读者的必读书
	医药新营销:制药企业、医药商业企业营销模式转型 史立臣　著	医药生产企业和商业企业在新环境下如何做营销?老方法还有没有用?如何寻找新方法?新方法怎么用?本书给你答案	内容非常现实接地气,踏实谈问题说方法
	医药企业转型升级战略 史立臣　著	药企转型升级有5大途径,并给出落地步骤及风险控制方法	实操性强,有作者个人经验总结及分析
	新医改下的医药营销与团队管理 史立臣　著	探讨新医改对医药行业的系列影响和医药团队管理	帮助理清思路,有一个框架
	医药营销与处方药学术推广 马宝琳　著	如何用医学策划把"平民产品"变成"明星产品"	有真货、讲真话的作者,堪称处方药营销的经典!
	医药行业大洗牌与药企创新 林延君　沈　斌　著	一方面,围绕着变革,多角度阐述药企的应对之道;另一方面,紧扣实践,介绍近百家医药企业创新实践案例	医改变革10年,医药企业如何应对大洗牌?重磅出击的药企人必读书
	新医改了,药店就要这样开 尚　锋　著	药店经营、管理、营销全攻略	有很强的实战性和可操作性
	电商来了,实体药店如何突围 尚　锋　著	电商崛起,药店该如何突围?本书从促销、会员服务、专业性、客单价等多重角度给出了指导方向	实战攻略,拿来就能用
	OTC医药代表药店销售36计 鄢圣安　著	以《三十六计》为线,写OTC医药代表向药店销售的一些技巧与策略	案例丰富,生动真实,实操性强
	OTC医药代表药店开发与维护 鄢圣安　著	要做到一名专业的医药代表,需要做什么、准备什么、知识储备、操作技巧等	医药代表药店拜访的指导手册,手把手教你快速上手
	引爆药店成交率1:店员导购实战 范月明　著	一本书解决药店导购所有难题	情景化、真实化、实战化
	引爆药店成交率2:经营落地实战 范月明　著	最接地气的经营方法全指导	揭示了药店经营的几类关键问题
	引爆药店成交率:专业化销售解决方案 范月明　著	药品搭配分析与关联销售	为药店人专业化助力
	处方药合规推广实战宝典 赵佳震　著	推广体系搭建、推广人员岗位工作内容、推广服务外包商管理等六个方面	解决"医药代表转型"和"推广服务外包商管理"的困惑
	医药代理商实操全指导:新环境　新战法 戴文杰　著	结合医药市场政策环境解读新环境下医药招商的战法,着重分析药品产业链的盈利机会	医药销售业务人员的必备读物
	攻略基层诊所:医药营销这样做 张江民　著	对基层诊所的开发、维护和动销,拿来就用的方式方法	实战是本书的主旨,只要用心去看,就能在基层诊所市场中运用
	互联网医药的未来 动脉网　编著	介绍了互联网医药发展的现状与趋势	帮助创业者和投资人看清未来,把握当下
	处方药零售这样做 田　军　著	阐述了处方药零售的重要性,以及做处方药零售市场的具体措施和方法	系统性了解和掌握处方药零售方法
建材家居	**成为最赚钱的家具建材经销商** 李治江　著	从销售模式、产品、门店等老板们最关注和最需要的方面解决问题、提供方法	只要你是建材、家具、家居用品的经销商老板,这就是一本必读的书
	定制家居黄金十年 韩　锋　翁长华　著	梳理了定制家居的商业模式和发展情况	帮助定制家居看清方向,把握当下
	家具建材促销与引流 薛　亮　李永峰　著	十大促销模式的详细方法和工具	让你天天签大单

续表

建材家居	**家具行业操盘手** 王献永　著	家具行业问题的终结者	解决了干家具还有没有前途？为什么同城多店的家具经销商很难做大做强等问题
	建材家居营销：除了促销还能做什么 孙嘉晖　著	一线老手的深度思考，告诉你在建材家居营销模式基本停滞的今天，除了促销，营销还能怎么做	给你的想法一场革命
	建材家居营销实务 程绍珊　杨鸿贵　主编	价值营销运用到建材家居，每一步都让客户增值	有自己的系统、实战
	家居建材门店6力爆破 贾同领　著	合盘道出一线品牌销量秘籍	6力招招见血，既有招数，又有策略
	建材家居门店销量提升 贾同领　著	店面选址、广告投放、推广助销、空间布局、生动展示、店面运营等	门店销量提升是一个系统工程，非常系统、实战
	10步成为最棒的建材家居门店店长 徐伟泽　著	实际方法易学易用，让员工能够迅速成长，成为独当一面的好店长	只要坚持这样干，一定能成为好店长
	手把手帮建材家居导购业绩倍增：成为顶尖的门店店员 熊亚柱　著	生动的表现形式，让普通人也能成为优秀的导购员，让门店业绩长红	读着有趣，用着简单，一本在手、业绩无忧
	建材家居经销商实战42章经 王庆云　著	告诉经销商：老板怎么当、团队怎么带、生意怎么做	忠言逆耳，看着不舒服就对了，实战总结，用一招半式就值了
工业品	**销售是门专业活：B2B、工业品** 陆和平　著	销售流程就应该跟着客户的采购流程和关注点的变化向前推进，将一个完整的销售过程分成十个阶段，提供具体方法	销售不是请客吃饭拉关系，是个专业的活计！方法在手，走遍天下不愁
	解决方案营销实战案例 刘祖轲　著	用10个真案例讲明白什么是工业品的解决方案式营销，实战、实用	有干货、真正操作过的才能写得出来
	变局下的工业品企业7大机遇 叶敦明　著	产业链条的整合机会、盈利模式的复制机会、营销红利的机会、工业服务商转型机会……	工业品企业还可以这样做，思维大突破
	工业品市场部实战全指导 杜　忠　著	工业品市场部经理工作内容全指导	系统、全面、有理论、有方法，帮助工业品市场部经理更快提升专业能力
	工业品营销管理实务 李洪道　著	中国特色工业品营销体系的全面深化、工业品营销管理体系优化升级	工具更实战，案例更鲜活，内容更深化
	工业品企业如何做品牌 张东利　著	为工业品企业提供最全面的品牌建设思路	有策略、有方法、有思路、有工具
	丁兴良讲工业4.0 丁兴良　著	没有枯燥的理论和说教，用朴实直白的语言告诉你工业4.0的全貌	工业4.0是什么？本书告诉你答案
	资深大客户经理：策略准，执行狠 叶敦明　著	从业务开发、发起攻势、关系培育、职业成长四个方面，详述了大客户营销的精髓	满满的全是干货
	两化融合管理系统贯标流程与方法 戴　勇　张华杰　张百荣　编著	全面梳理贯标流程和方法	帮助企业成功贯标
	一切为了订单：订单驱动下的工业品营销实战 唐道明　著	其实，所有的企业都在围绕着两个字在开展全部的经营和管理工作，那就是"订单"	开发订单、满足订单、扩大订单。本书全是实操方法，字字珠玑、句句干货，教你获得营销的胜利
金融	**交易心理分析** (美)马克·道格拉斯　著 刘真如　译	作者一语道破赢家的思考方式，并提供了具体的训练方法	不愧是投资心理的第一书，绝对经典
	精品银行管理之道 崔海鹏　何　屹　主编	中小银行转型的实战经验总结	中小银行的教材很多，实战类的书很少，可以看看

续表

金融	**支付战争** Eric M. Jackson　著 徐　彬　王　晓　译	PayPal创业期营销官，亲身讲述PayPal从诞生到壮大到成功出售的整个历史	激烈、有趣的内幕商战故事！了解美国支付市场的风云巨变
	中外并购名著专业阅读指南 叶兴平　等著	在5000多本并购类图书中精选的200著作，在阅读的基础上写的读书评价	精挑细选200本并一一评介，省去读者挑选的烦恼，快捷、高效
	新三板信息披露全流程：操作与工具 和珩科技　著	详细拆解董秘日常工作过程中所需的信息披露流程	董秘案头必备用书
	成功并购300本：一本书搞定并购难题 浩德军师并购联盟　著	从财务，税务，法律等角度详细解答疑问	能解决80%的并购问题
	互联网时代的银行转型 韩友诚　著	以大量案例形式为读者全面展示和分析了银行的互联网金融转型应对之道	结合本土银行转型发展案例的书籍
房地产	**产业园区/产业地产规划、招商、运营实战** 阎立忠　著	目前中国第一本系统解读产业园区和产业地产建设运营的实战宝典	从认知、策划、招商到运营全面了解地产策划
	人文商业地产策划 戴欣明　著	城市与商业地产战略定位的关键是不可复制性，要发现独一无二的"味道"	突破千城一面的策划困局
	中国城市群房地产投资策略 吕俊博　著	全方位、多角度分析城市群房地产现状是趋势	让亿元资产投资更理性、更安全
	电影院的下一个黄金十年：开发·差异化·案例 李保煜　著	对目前电影院市场存大的问题及如何解决进行了探讨与解读	多角度了解电影院运营方式及代表性案例
能源	**全能型班组：城市能源互联网与电力班组升级** 国网天津市电力公司　编著	借鉴国内外优秀企业的转型升级思路，通过对于新型班组组织模式和运行机制的大胆设想，力图构建充分适应内外环境变化的全能型班组	看看庞大的国企在新环境下是如何顺应时代的
	国网天津电力全能型班组建设实务 国网天津市电力公司　编著	本书聚焦于天津电力公司在探索全能型班组转型升级时的优秀实践	电力行业的班组实践，具体、可操作性强

经营类：企业如何赚钱，如何抓机会，如何突破，如何"开源"

	书名．作者	内容/特色	读者价值
抓方向	**让经营回归简单．升级版** 宋新宇　著	化繁为简抓住经营本质：战略、客户、产品、员工、成长	经典，做企业就这几个关键点！
	混沌与秩序Ⅰ：变革时代企业领先之道 **混沌与秩序Ⅱ：变革时代管理新思维** 彭剑锋　尚艳玲　主编	汇集华夏基石专家团队10年来研究成果，集中选择了其中的精华文章编纂成册	作者都是既有深厚理论积淀又有实践经验的重磅专家，为中国企业和企业家的未来提出了高屋建瓴的观点
	活系统：跟任正非学当老板 孙行健　尹　贤　著	以任正非的独到视角，教企业老板如何经营公司	看透公司经营本质，激活企业活力
	重构：快消品企业重生之道 杨永华　著	从7个角度，帮助企业实现系统性的改造	提供转型思想与方法，值得参考
	公司由小到大要过哪些坎 卢　强　著	老板手里的一张"企业成长路线图"	现在我在哪儿，未来还要走哪些路，都清楚了
	企业二次创业成功路线图 夏惊鸣　著	企业曾经抓住机会成功了，但下一步该怎么办？	企业怎样获得第二次成功，心里有个大框架了
	老板经理人双赢之道 陈　明　著	经理人怎养选平台、怎么开局，老板怎样选/育/用/留	老板生闷气，经理人牢骚大，这次知道该怎么办了

续表

抓方向	**简单思考:AMT 咨询创始人自述** 孔祥云　著	著名咨询公司(AMT)的 CEO 创业历程中点点滴滴的经验与思考	每一位咨询人,每一位创业者和管理经营者,都值得一读
	企业文化的逻辑 王祥伍　黄健江　著	为什么企业绩效如此不同,解开绩效背后的文化密码	少有的深刻,有品质,读起来很流畅
	使命驱动企业成长 高可为　著	钱能让一个人今天努力,使命能让一群人长期努力	对于想做事业的人,'使命'是绕不过去的
思维突破	**盈利原本就这么简单** 高可为　著	从财务的角度揭示企业盈利的秘密	多方面解读商业模式与盈利的关系,通俗易懂,受益匪浅
	经营:打造你的盈利系统 高可为　著	从盈利角度梳理了系统化的经营方式	让企业掌舵者把控经营全局
	创模式:23 个行业创新案例 段传敏　著	23 位行业精英的创新对话	创业者、转型者的实战参考
	企业良性成长:用顶层设计突破瓶颈 刘建兆　著	全方位介绍企业顶层设计的方法和思路	帮助企业用顶层设计突破成长瓶颈
	移动互联新玩法:未来商业的格局和趋势 史贤龙　著	传统商业、电商、移动互联,三个世界并存,这种新格局的玩法一定要懂	看清热点的本质,把握行业先机,一本书搞定移动互联网
	画出公司的互联网进化路线图:用互联网思维重塑产品、客户和价值 李　蓓　著	18 个问题帮助企业一步步梳理出互联网转型思路	思路清晰、案例丰富,非常有启发性
	重生战略:移动互联网和大数据时代的转型法则 沈　拓　著	在移动互联网和大数据时代,传统企业转型如同生命体打算与再造,称之为"重生战略"	帮助企业认清移动互联网环境下的变化和应对之道
	创造增量市场:传统企业互联网转型之道 刘红明　著	传统企业需要用互联网思维去创造增量,而不是用电子商务去转移传统业务的存量	教你怎么在"互联网 +"的海洋中创造实实在在的增量
	7 个转变,让公司 3 年胜出 李　蓓　著	消费者主权时代,企业该怎么办	这就是互联网思维,老板有能这样想,肯定倒不了
	跳出同质思维,从跟随到领先 郭　剑　著	66 个精彩案例剖析,帮助老板突破行业长期思维惯性	做企业竟然有这么多玩法,开眼界
	互联网 +"变"与"不变":本土管理实践与创新论坛集萃·2016 本土管理实践与创新论坛　著	加速本土管理思想的孕育诞生,促进本土管理创新成果更好地服务企业、贡献社会	各个作者本年度最新思想,帮助读者拓宽眼界、突破思维
	消费升级:实践　研究(文集) 本土管理实践与创新论坛　著	38 位管理专家及 7 位学者的精华思想,从经营、管理、行业及思想研究四个方面阐述中国企业在消费升级下的实践与研究	思想启发,行业借鉴
财务	**写给企业家的公司与家庭财务规划——从创业成功到富足退休** 周荣辉　著	本书以企业的发展周期为主线,写各阶段企业与企业主家庭的财务规划	为读者处理人生各阶段企业与家庭的财务问题提供建议及方法,让家庭成员真正享受财富带来的益处
	互联网时代的成本观 程　翔　著	本书结合互联网时代提出了成本的多维观,揭示了多维组合成本的互联网精神和大数据特征,论述了其产生背景、实现思路和应用价值	在传统成本观下为盈利的业务,在新环境下也许就成为亏损业务。帮助管理者从新的角度来看待成本,进一步做好精益管理

续表

财务	**财报背后的投资机会** 蒋　豹　著	以具体的公司案例分析,教你迅速看出财务报表与企业经营的关系、所反映的企业经营现状,从而找到投资机会	前四大会计所员工为读者解密财报,发现投资机会

管理类:效率如何提升,如何实现经营目标,如何“节流”

	书名．作者	内容/特色	读者价值
通用管理	**让管理回归简单·升级版** 宋新宇　著	从目标、组织、决策、授权、人才和老板自己层面教你怎样做管理	帮助管理抓住管理的要害,让管理变得简单
	让经营回归简单·升级版 宋新宇　著	从战略、客户、产品、员工、成长、经营者自身等七个方面,归纳总结出简单有效的经营法则	总结出的真正优秀企业的成功之道:简单
	让用人回归简单 宋新宇　著	从用人的原则、用人的难题与误区、用人的方法和用人者的修炼四大方面,总结出适合中小企业做好人才管理工作的法则	帮助管理者抓住用人的要害,让用人变得简单
	历史深处的管理智慧1:组织建设与用人之道 刘文瑞　著	对历史之典故、政事、人事、政制进行管理解析,鉴照企业人才的选用育留	推动理论与实践的对接,实现理性与情感的渗透,用中国话语说明管理智慧
	历史深处的管理智慧2:战略决策与经营运作 刘文瑞　著	对历史之典故、政事、人事、政制进行管理解析,鉴照企业战略设计与经营实践	推动理论与实践的对接,实现理性与情感的渗透,用中国话语说明管理智慧
	历史深处的管理智慧3:领导修炼与文化素养 刘文瑞　著	对历史之典故、政事、人事、政制进行管理解析,鉴照企业领导职业能力提升与文化修养	推动理论与实践的对接,实现理性与情感的渗透,用中国话语说明管理智慧
	管理的尺度 刘文瑞　著	对管理中的种种普遍性问题进行了批评	提高把握管理尺度的能力
	管理学在中国 刘文瑞　著	系统性介绍了管理学在中国的发展和演变	了解管理学在中国的发展脉络,更清晰理解管理学的本质
	看电影,懂管理 刘文瑞　著	16部经典电影,带你感悟管理智慧	能够帮助读者放松身心,驰骋想象,在不知不觉中增长智慧
	管理:以规则驾驭人性 王春强　著	详细解读企业规则的制定方法	从人与人博弈角度提升管理的有效性
	打造集成供应链:走出挂一漏十的改善困境 王春强　著	详解集成供应链全过程	帮助企业优化供应链管理
	用好骨干员工:关键人才培养与激励 王　敏　著	系统化分享关键人才打造与激励方法	企业能实在用人的最大化价值
	改变世界的管理学大师1:管理学的前世今生 刘文瑞　编著	介绍了古典管理学时期的大师事迹和思想	深入了解管理大师们的思想和智慧
	成为企业欢迎的咨询师 张国祥　著	从调研到落地,手把手教你咨询流程	不走弯路,方便直接的学到老咨询师的套路
	员工心理学超级漫画版 邢　雷　著	以漫画的形式深度剖析员工心理	帮助管理者更了解员工,从而更轻松地管理员工
	老板有想法,高层有干法:企业中的将帅之道 王清华　著	深入剖析老板与高管的异同	各司其职,各行其是,相辅相成
	分股合心:股权激励这样做 段磊　周剑　著	通过丰富的案例,详细介绍了股权激励的知识和实行方法	内容丰富全面、易读易懂,了解股权激励,有这一本就够了
	边干边学做老板 黄中强　著	创业20多年的老板,有经验、能写、又愿意分享,这样的书很少	处处共鸣,帮助中小企业老板少走弯路

续表

通用管理	成为敏感而体贴的公司 王　涛　著	本书为作者对企业的观察和冥想的随笔记录。从生活中的一个现象入手,进而探索现象背后的本质	从全新角度认识公司
	中国企业的觉醒:正直　善良　成长 王　涛　著	围绕着企业人如何发生转化展开,对中国人、中国文化及由此导致的企业现状的观察和思考	企业除了要利润,还需要道德
	有意识的思考:轻松化解问题的7个思考习惯 王　涛　著	本书是对思想、思考过程、思考方式进行的细致观察	养成好的思考习惯,更深刻地看问题
	中国式阿米巴落地实践之从交付到交易 胡八一　著	本书主要讲述阿米巴经营会计,"从交付到交易",这是成功实施了阿米巴的标志	阿米巴经营会计的工作是有逻辑关联的,一本书就能搞定
	中国式阿米巴落地实践之激活组织 胡八一　著	重点讲解如何科学划分阿米巴单元,阐述划分的实操要领、思路、方法、技术与工具	最大限度减少"推行风险"和"摸索成本",利于公司成功搭建适合自身的个性化阿米巴经营体系
	中国式阿米巴落地实践之持续盈利 胡八一　著	把企业做成平台,企业才能做大(格局);把平台做成阿米巴,企业才能做强(专业);把阿米巴做成合伙制,企业才能做久(机制)	中国式阿米巴落地实践三部曲的最后一部,告诉你企业如何做大做强做久
	集团化企业阿米巴实战案例 初勇钢　著	一家集团化企业阿米巴实施案例	指导集团化企业系统实施阿米巴
	阿米巴经营的中国模式 李志华　著	让员工从"要我干"到"我要干",价值量化出来	阿米巴在企业如何落地,明白思路了
	欧博心法:好管理靠修行 曾　伟　著	用佛家的智慧,深刻剖析管理问题,见解独到	如果真的有'中国式管理',曾老师是其中标志性人物
	领导这样点燃你的下属 孟广桥　著	领导者如何才能让员工积极主动地工作?如何让你的员工和下属保持工作的热情,自动自发?看了这本书就知道	只要你希望手下的"兵将"永远充满工作的斗志,这本书将使你获益良多
流程管理	1. 用流程解放管理者 2. 用流程解放管理者2 张国祥　著	中小企业阅读的流程管理、企业规范化的书	通俗易懂,理论和实践的结合恰到好处
	跟我们学建流程体系 陈立云　著	畅销书《跟我们学做流程管理》系列,更实操,更细致,更深入	更多地分享实践,分享感悟,从实践总结出来的方法论
	人人都要懂流程 金国华　余雅丽　著	当前各企业流程管理方面最为典型的痛点现象及问题案例	通俗易懂,适合企业全员阅读
质量管理	IATF16949质量管理体系详解与案例文件汇编:TS16949转版IATF16949:2016 谭洪华　著	针对IATF的新标准做了详细的解说,同时指出了一些推行中容易犯的错误,提供了大量的表单、案例	案例、表单丰富,拿来就用
	五大质量工具详解及运用案例:APQP/FMEA/PPAP/MSA/SPC 谭洪华　著	对制造业必备的五大质量工具中每个文件的制作要求、注意事项、制作流程、成功案例等进行了解读	通俗易懂、简便易行,能真正实现学以致用
	ISO9001:2015新版质量管理体系详解与案例文件汇编 谭洪华　著	紧密围绕2015年新版质量管理体系文件逐条详细解读,并提供可以直接套用的案例工具,易学易上手	企业质量管理认证、内审必备
	ISO14001:2015新版环境管理体系详解与案例文件汇编 谭洪华　著	紧密围绕2015年新版环境管理体系文件逐条详细解读,并提供可以直接套用的案例工具,易学易上手	企业环境管理认证、内审必备

续表

质量管理	**ISO9001:2015 完整文件汇编:制造业** 贺红喜　著	按照 ISO9001 标准并超出标准的要求,提供了一套完整的制造业的质量管理体系文件	原汁原味完整收入,直接可以拿来就用
	SA8000:2014 社会责任管理体系认证实战 吕　林　著	作者根据自己的操作经验,按认证的流程,以相关案例进行说明 SA8000 认证体系	简单,实操性强,拿来就能用
	精益质量管理实战工具 贺小林　著	制造类企业日常工作中所需要的精益管理工具的归纳整理,并进行案例操作的细致分析	可以直接参考,实际解决生产中的具体问题
战略落地	**重生——中国企业的战略转型** 施　炜　著	从前瞻和适用的角度,对中国企业战略转型的方向、路径及策略性举措提出了一些概要性的建议和意见	对企业有战略指导意义
	公司大了怎么管:从靠英雄到靠组织 AMT 金国华　著	第一次详尽阐释中国快速成长型企业的特点、问题及解决之道	帮助快速成长型企业领导及管理团队理清思路,突破瓶颈
	低效会议怎么改:每年节省一半会议成本的秘密 AMT 王玉荣　著	教你如何系统规划公司的各级会议,一本工具书	教会你科学管理会议的办法
	年初订计划,年尾有结果:战略落地七步成诗 AMT 郭晓　著	7 个步骤教会你怎么让公司制定的战略转变为行动	系统规划,有效指导计划实现
人力资源	**HRBP 是这样炼成的之“菜鸟起飞”** 新　海　著	以小说的形式,具体解析 HRBP 的职责,应该如何操作,如何为业务服务	实践者的经验分享,内容实务具体,形式有趣
	HRBP 是这样炼成的之中级修炼 新　海　著	本书以案例故事的方式,介绍了 HRBP 在实际工作中碰到的问题和挑战	书中的 HR 解决方案讲究因时因地制宜、简单有效的原则,重在启发读者思路,可供各类企业 HRBP 借鉴
	HRBP 是这样炼成的之高级修炼 新　海　著	以故事的形式,展现了 HRBP 工作者在职业发展路上的层层深入和递进	为读者提供 HRBP 在实际工作中遇到种种问题的解决方案
	新任 HR 高管如何从 0 到 1 黄渊明　著	全景式展现新任高管华丽转身全过程	助力新任高管安全着陆
	HR 的劳动法内参 李皓楠　著	100 个劳动法案例和分析	轻松掌握劳动法知识,方便运用
	把面试做到极致:首席面试官的人才甄选法 孟广桥　著	作者用自己几十年的人力资源经验总结出的一套实用的确定岗位招聘标准、提升面试官技能素质的简便方法	面试官必备,没有空泛理论,只有巧妙的实操技能
	人力资源体系与 e－HR 信息化建设 刘书生　陈　莹　王美佳　著	将作者经历的人力资源管理变革、人力资源管理信息化咨询项目方法论、工具和成果全面展现给读者,使大家能够将其快速应用到管理实践中	系统性非常强,没有废话,全部是浓缩的干货
	回归本源看绩效 孙　波　著	让绩效回顾“改进工具”的本源,真正为企业所用	确实是来源于实践的思考,有共鸣
	世界 500 强资深培训经理人教你做培训管理 陈　锐　著	从 7 大角度具体细致地讲解了培训管理的核心内容	专业、实用、接地气

续表

人力资源	**曹子祥教你做激励性薪酬设计** 曹子祥　著	以激励性为指导,系统性地介绍了薪酬体系及关键岗位的薪酬设计模式	深入浅出,一本书学会薪酬设计
	曹子祥教你做绩效管理 曹子祥　著	复杂的理论通俗化,专业的知识简单化,企业绩效管理共性问题的解决方案	轻松掌握绩效管理
	把招聘做到极致 远　鸣　著	作为世界 500 强高级招聘经理,作者数十年招聘经验的总结分享	带来职场思考境界的提升和具体招聘方法的学习
	人才评价中心．超级漫画版 邢　雷　著	专业的主题,漫画的形式,只此一本	没想到一本专业的书,能写成这效果
	走出薪酬管理误区 全怀周　著	剖析薪酬管理的 8 大误区,真正发挥好枢纽作用	值得企业深读的实用教案
	集团化人力资源管理实践 李小勇　著	对搭建集团化的企业很有帮助,务实,实用	最大的亮点不是理论,而是结合实际的深入剖析
	我的人力资源咨询笔记 张　伟　著	管理咨询师的视角,思考企业的 HR 管理	通过咨询师的眼睛对比很多企业,有启发
	本土化人力资源管理 8 大思维 周　剑　著	成熟 HR 理论,在本土中小企业实践中的探索和思考	对企业的现实困境有真切体会,有启发
企业文化	**36 个拿来就用的企业文化建设工具** 海融心胜　主编	数十个工具,为了方便拿来就用,每一个工具都严格按照工具属性、操作方法、案例解读划分,实用、好用	企业文化工作者的案头必备书,方法都在里面,简单易操作
	企业文化建设超级漫画版 邢　雷　著	以漫画的形式系统教你企业文化建设方法	轻松易懂好操作
	华夏基石方法:企业文化落地本土实践 王祥伍　谭俊峰　著	十年积累、原创方法、一线资料,和盘托出	在文化落地方面真正有洞察,有实操价值的书
	企业文化的逻辑 王祥伍　著	为什么企业之间如此不同,解开绩效背后的文化密码	少有的深刻,有品质,读起来很流畅
	企业文化激活沟通 宋杼宸　安　琪　著	透过新任 HR 总经理的眼睛,揭示出沟通与企业文化的关系	有实际指导作用的文化落地读本
	在组织中绽放自我:从专业化到职业化 朱仁健　王祥伍　著	个人如何融入组织,组织如何助力个人成长	帮助企业员工快速认同并投入到组织中去,为企业发展贡献力量
	企业文化定位·落地一本通 王明胤　著	把高深枯燥的专业理论创建成一套系统化、实操化、简单化的企业文化缔造方法	对企业文化不了解,不会做?有这一本从概念到实操,就够了
生产管理	**精益思维:中国精益如何落地** 刘承元　著	笔者二十余年企业经营和咨询管理的经验总结	中国企业需要灵活运用精益思维,推动经营要素与管理机制的有机结合,推动企业管理向前发展
	300 张现场图看懂精益 5S 管理 乐　涛　编著	5S 现场实操详解	案例图解,易懂易学
	高员工流失率下的精益生产 余伟辉　著	中国的精益生产必须面对和解决高员工流失率问题	确实来源于本土的工厂车间,很务实
	车间人员管理那些事儿 岑立聪　著	车间人员管理中处理各种"疑难杂症"的经验和方法	基层车间管理者最闹心、头疼的事,'打包'解决

续表

生产管理	**1. 欧博心法:好管理靠修行** **2. 欧博心法:好工厂这样管** 曾 伟 著	他是本土最大的制造业管理咨询机构创始人,他从400多个项目、上万家企业实践中锤炼出的欧博心法	中小制造型企业,一定会有很强的共鸣
	欧博工厂案例1:生产计划管控对话录 **欧博工厂案例2:品质技术改善对话录** **欧博工厂案例3:员工执行力提升对话录** 曾 伟 著	最典型的问题、最详尽的解析,工厂管理9大问题27个经典案例	没想到说得这么细,超出想象,案例很典型,照搬都可以了
	工厂管理实战工具 欧博企管 编著	以传统文化为核心的管理工具	适合中国工厂
	苦中得乐:管理者的第一堂必修课 曾 伟 编著	曾伟与师傅大愿法师的对话,佛学与管理实践的碰撞,管理禅的修行之道	用佛学最高智慧看透管理
	比日本工厂更高效1:管理提升无极限 刘承元 著	指出制造型企业管理的六大积弊;颠覆流行的错误认知;掌握精益管理的精髓	每一个企业都有自己不同的问题,管理没有一剑封喉的秘笈,要从现场、现物、现实出发
	比日本工厂更高效2:超强经营力 刘承元 著	企业要获得持续盈利,就要开源和节流,即实现销售最大化,费用最小化	掌握提升工厂效率的全新方法
	比日本工厂更高效3:精益改善力的成功实践 刘承元 著	工厂全面改善系统有其独特的目的取向特征,着眼于企业经营体质(持续竞争力)的建设与提升	用持续改善力来飞速提升工厂的效率,高效率能够带来意想不到的高效益
	3A顾问精益实践1:IE与效率提升 党新民 苏迎斌 蓝旭日 著	系统的阐述了IE技术的来龙去脉以及操作方法	使员工与企业持续获利
	3A顾问精益实践2:JIT与精益改善 肖志军 党新民 著	只在需要的时候,按需要的量,生产所需的产品	提升工厂效率
	化工企业工艺安全管理实操 黄 娜 编著	化工企业工艺安全管理全指导	帮助企业树立安全意识,强化安全管理方法
	手把手教你做专业的生产经理 黄 娜 著	物流、信息流、资金流,让生产经理管理有抓手	从菜鸟到能把控全局
员工素质提升	**TTT培训师精进三部曲(上):深度改善现场培训效果** 廖信琳 著	现场把控不用慌,这里有妙招一用就灵	课程现场无论遇到什么样的情况都能游刃有余
	TTT培训师精进三部曲(中):构建最有价值的课程内容 廖信琳 著	这样做课程内容,学员有收获培训师也有收获	优质的课程内容是树立个人品牌的保证
	TTT培训师精进三部曲(下):职业功力沉淀与修为提升 廖信琳 著	从内而外提升自己,职业的道路一帆风顺	走上职业TTT内训师的康庄大道
	培训师,如何让你的事业长青:自我管理的10项法则 廖信琳 著	建立了一套完整的培训师自我管理体系,为培训师的职业成长与发展提供有益的指引	培训师如何在自己的职业道路上越走越高,事业长青,一直有所收获与成长?本书将给你答案
	管理咨询师的第一本书:百万年薪 千万身价 熊亚柱 著	从问题出发,发现问题、分析问题、解决问题,让两眼一抹黑的新人快速成长	管理咨询师初入职场,让这本书开启百万年薪之路

续表

员工素质提升	**手把手教你做专业督导：专卖店、连锁店** 熊亚柱　著	从督导的职能、作用，在工作中需要的专业技能、方法，都提供了详细的解读和训练办法，同时附有大量的表单工具	无论是店铺需要统一培训，还是个人想成为优秀的督导，有这一本就够了
	跟老板"偷师"学创业 吴江萍　余晓雷　著	边学边干，边观察边成长，你也可以当老板	不同于其他类型的创业书，让你在工作中积累创业经验，一举成功
	销售轨迹：一位快消品营销总监的拼搏之路 秦国伟　著	本书讲述了一个普通销售员打拼成为跨国企业营销总监的真实奋斗历程	激励人心，给广大销售员以力量和鼓舞
	在组织中绽放自我：从专业化到职业化 朱仁健　王祥伍　著	个人如何融入组织，组织如何助力个人成长	帮助企业员工快速认同并投入到组织中去，为企业发展贡献力量
	企业员工弟子规：用心做小事，成就大事业 贾同领　著	从传统文化《弟子规》中学习企业中为人处事的办法，从自身做起	点滴小事，修养自身，从自身的改善得到事业的提升
	手把手教你做顶尖企业内训师：TTT培训师宝典 熊亚柱　著	从课程研发到现场把控、个人提升都有涉及，易读易懂，内容丰富全面	想要做企业内训师的员工有福了，本书教你如何抓住关键，从入门到精通
	28天速成文案高手 秦　七　安　丽　著	解构优秀品牌和出彩文案背后的逻辑，28天循序渐进成为文案高手	让优质文案变成"智慧工厂"般的工序管理与稳定出品
	让投诉顾客满意离开：客户投诉应对与管理 孟广桥　著	立足于投诉处理的实践，剖析了不同投诉者投诉的特点和应对措施，并提供各种技巧方法、赢得客户信赖所需培养的品质修炼、处理投诉应掌握的法律法规等工具	是投诉处理人员适应岗位职能需要、提升工作技能的良师益友，是企业变诉为金、培养业务骨干的法宝

营销类：把客户需求融入企业各环节，提供"客户认为"有价值的东西

书名．作者		内容/特色	读者价值
营销模式	**精品营销战略** 杜建君　著	以精品理念为核心的精益战略和营销策略	用精品思维赢得高端市场
	变局下的营销模式升级 程绍珊　叶　宁　著	客户驱动模式、技术驱动模式、资源驱动模式	很多行业的营销模式被颠覆，调整的思路有了！
	动销操盘：节奏掌控与社群时代新战法 朱志明　著	在社群时代把握好产品生产销售的节奏，解析动销的症结，寻找动销的规律与方法	都是易读易懂的干货！对动销方法的全面解析和操盘
	弱势品牌如何做营销 李政权　著	中小企业虽有品牌但没名气，营销照样能做的有声有色	没有丰富的实操经验，写不出这么具体、详实的案例和步骤，很有启发
	老板如何管营销 史贤龙　著	高段位营销16招，好学好用	老板能看，营销人也能看
	洞察人性的营销战术：沈坤教你28式 沈　坤　著	28个匪夷所思的营销怪招令人拍案叫绝，涉及商业竞争的方方面面，大部分战术可以直接应用到企业营销中	各种谋略得益于作者的横向思维方式，将其操作过的案例结合其中，提供的战术对读者有参考价值
	动销：产品是如何畅销起来的 吴江萍　余晓雷　著	真真切切告诉你，产品究竟怎么才能卖出去	击中痛点，提供方法，你值得拥有
	1000铁杆女粉丝 张兵武　著	连接是女性与生俱来的特质。能善用连接的营销人员，就像拿到打开女性荷包的钥匙	重新认识女性的传播力量
	360°谈营销：一位营销咨询师20年实战洞察 王清华　古怀亮　著	各个角度，全方位，多视点剥营销	思路单一，此书帮你破

续表

营销模式	营销按钮:扣动一触即发的力量 老　苗　著	提供各种奇形怪状的营销武器	一定会带给你不一样的思维震撼
	孙子兵法营销战 刘文新　著	逐句解读孙子兵法,以及在营销方面的感悟	帮助营销人用智慧打营销仗
销售	资深大客户经理:策略准,执行狠 叶敦明　著	从业务开发、发起攻势、关系培育、职业成长四个方面,详述了大客户营销的精髓	满满的全是干货
	大客户销售这样说这样做 陆和平　著	大客户销售十大模块 68 个典型销售场景应对策略和话术,直接拿来就用	从"为什么要这么干"到"干什么、怎么干"
	成为资深的销售经理:B2B、工业品 陆和平　著	围绕"销售管理的六个关键控制点"一一展开,提供销售管理的专业、高效方法	方法和技术接地气,拿来就用,从销售员成长为经理不再犯难
	销售是门专业活:B2B、工业品 陆和平　著	销售流程就应该跟着客户的采购流程和关注点的变化向前推进,将一个完整的销售过程分成十个阶段,提供具体方法	销售不是请客吃饭拉关系,是个专业的活计!方法在手,走遍天下不愁
	向高层销售:与决策者有效打交道 贺兵一　著	一套完整有效的销售策略	有工具,有方法,有案例,通俗易懂
	学话术　卖产品 张小虎　著	分析常见的顾客异议,将优秀的话术模块化	让普通导购员也能成为销售精英
组织和团队	升级你的营销组织 程绍珊　吴越舟　著	用"有机性"的营销组织替代"营销能人",营销团队变成"铁营盘"	营销队伍最难管,程老师不愧是营销第 1 操盘手,步骤方法都很成熟
	用数字解放营销人 黄润霖　著	通过量化帮助营销人员提高工作效率	作者很用心,很好的常备工具书
	成为优秀的快消品区域经理(升级版) 伯建新　著	用"怎么办"分析区域经理的工作关键点,增加 30% 全新内容,更贴近环境变化	可以作为区域经理的"速成催化器"
	成为资深的销售经理:B2B、工业品 陆和平　著	围绕"销售管理的六个关键控制点"一一展开,提供销售管理的专业、高效方法	方法和技术接地气,拿来就用,从销售员成长为经理不再犯难
	一位销售经理的工作心得 蒋　军　著	一线营销管理人员想提升业绩却无从下手时,可以看看这本书	一线的真实感悟
	快消品营销:一位销售经理的工作心得 2 蒋　军　著	快消品、食品饮料营销的经验之谈,重点突出	来源于实战的精华总结
	销售轨迹:一位快消品营销总监的拼搏之路 秦国伟　著	本书讲述了一个普通销售员打拼成为跨国企业营销总监的真实奋斗历程	激励人心,给广大销售员以力量和鼓舞
	用营销计划锁定胜局:用数字解放营销人 2 黄润霖　著	全方位教你怎么做好营销计划,好学好用真简单	照搬套用就行,做营销计划再也不头痛
	快消品营销人的第一本书:从入门到精通 刘　雷　伯建新　著	快消行业必读书,从入门到专业	深入细致,易学易懂
产品	产品开发管理方法·流程·工具:从作坊式到规范化 任彭枞　著	产品研发管理体系全指导	既有工具,又能开拓思路
	新产品开发管理,就用 IPD(升级版) 郭富才　著	10 年 IPD 研发管理咨询总结,国内首部 IPD 专业著作	一本书掌握 IPD 管理精髓

续表

产品	**这样打造大单品：案例　策略　方法** 迪智成咨询团队　著	囊括十三个不同行业、企业的实际案例，从不同角度详细剖析、总结了这些品牌厂家打造大单品的成功经验或者失败教训	厘清大单品打造的策划与路径，得出持续经营的思路与方法
	研发体系改进之道 靖　爽　陈年根　马鸣明　著	提出一套系统性的方法与工具	指引企业少走弯路，提高成功率
	资深项目经理这样做新产品开发管理 秦海林　著	以IPD为思想，系统讲解新产品开管理的细节	提供管理思路和实用工具
	产品炼金术Ⅰ：如何打造畅销产品 史贤龙　著	满足不同阶段、不同体量、不同行业企业对产品的完整需求	必须具备的思维和方法，避免在产品问题上走弯路
	产品炼金术Ⅱ：如何用产品驱动企业成长 史贤龙　著	做好产品、关注产品的品质，就是企业成功的第一步	必须具备的思维和方法，避免在产品问题上走弯路
品牌	**中小企业如何建品牌** 梁小平　著	中小企业建品牌的入门读本，通俗、易懂	对建品牌有了一个整体框架
	采纳方法：破解本土营销8大难题 朱玉童　编著	全面、系统、案例丰富、图文并茂	希望在品牌营销方面有所突破的人，应该看看
	中国品牌营销十三战法 朱玉童　编著	采纳20年来的品牌策划方法，同时配有大量的案例	众包方式写作，丰富案例给人启发，极具价值
	今后这样做品牌：移动互联时代的品牌营销策略 蒋　军　著	与移动互联紧密结合，告诉你老方法还能不能用，新方法怎么用	今后这样做品牌就对了
	中小企业如何打造区域强势品牌 吴　之　著	帮助区域的中小企业打造自身品牌，如何在强壮自身的基础上往外拓展	梳理误区，系统思考品牌问题，切实符合中小区域品牌的自身特点进行阐述
渠道通路	**深度分销：掌控渠道价值链** 施　炜　著	制造商通过掌控渠道价值链，将管理触角延伸至零售层面及顾客现场，对市场根部精耕细作，从而挖掘需求，构筑区域市场尤其是三四级市场的竞争壁垒	深度分销是中国企业对世界营销的独特贡献。实践证明，互联网时代深度分销仍有生命力
	快消品营销与渠道管理 谭长春　著	将快消品标杆企业渠道管理的经验和方法分享出来	可口可乐、华润的一些具体的渠道管理经验，实战
	传统行业如何用网络拿订单 张　进　著	给老板看的第一本网络营销书	适合不懂网络技术的经营决策者看
	采纳方法：化解渠道冲突 朱玉童　编著	系统剖析渠道冲突，21个渠道冲突案例、情景式讲解，37篇讲义	系统、全面
	学话术　卖产品 张小虎　著	分析常见的顾客异议，将优秀的话术模块化	让普通导购员也能成为销售精英
	向高层销售：与决策者有效打交道 贺兵一　著	一套完整有效的销售策略	有工具，有方法，有案例，通俗易懂
	通路精耕操作全解：快消品20年实战精华 周　俊　陈小龙　著	通路精耕的详细全解，每一步的具体操作方法和表单全部无保留提供	康师傅二十年的经验和精华，实践证明的最有效方法，教你如何主宰通路

管理者读的文史哲·生活

	书名．作者	内容/特色	读者价值
思想·文化	**德鲁克管理思想解读** 罗　珉　著	用独特视角和研究方法，对德鲁克的管理理论进行了深度解读与剖析	不仅是摘引和粗浅分析，还是作者多年深入研究的成果，非常可贵
	德鲁克与他的论敌们：马斯洛、戴明、彼得斯 罗　珉　著	几位大师之间的论战和思想碰撞令人受益匪浅	对大师们的观点和著作进行了大量的理论加工，去伪存真、去粗存精，同时有自己独特的体系深度

续表

思想·文化	**德鲁克管理学** 张远凤　著	本书以德鲁克管理思想的发展为线索,从一个侧面展示了20世纪管理学的发展历程	通俗易懂,脉络清晰
	王阳明"万物一体"论:从"身-体"的立场看(修订版) 陈立胜　著	以身体哲学分析王阳明思想中的"仁"与"乐"	进一步了解传统文化,了解王阳明的思想
	自我与世界:以问题为中心的现象学运动研究 陈立胜　著	以问题为中心,对现象学运动中的"意向性""自我""他人""身体"及"世界"各核心议题之思想史背景与内在发展理路进行深入细致的分析	深入了解现象学中的几个主要问题
	作为身体哲学的中国古代哲学 张再林　著	上篇为中国古代身体哲学理论体系奠基性部分,下篇对由"上篇"所开出的中国身体哲学理论体系的进一步的阐发和拓展	了解什么是真正原生态意义上的中国哲学,把中国传统哲学与西方传统哲学加以严格区别
	中西哲学的歧异与会通 张再林　著	本书以一种现代解释学的方法,对中国传统哲学内在本质尝试一种全新的和全方位的解读	发掘出掩埋在古老传统形式下的现代特质和活的生命,在此基础上揭示中西哲学"你中有我,我中有你"之旨
	治论:中国古代管理思想 张再林　著	本书主要从儒、法墨三家阐述中国古代管理思想	看人本主义的管理理论如何不留斧痕地克服似乎无法调解的存在于人类社会行为与社会组织中的种种两难和对立
	车过麻城　再晤李贽 张再林　著	系统全面而又简明扼要地展示了李贽独到的学术眼力和超拔的理论建树	帮助读者重新认识李贽的思想
	中国古代政治制度(修订版)上:皇帝制度与中央政府 刘文瑞　著	全面论证了古代皇帝制度的形成和演变的历程	有助于读者从政治制度角度了解中国国情的历史渊源
	中国古代政治制度(修订版)下:地方体制与官僚制度 刘文瑞　著	全面论证了古代地方政府的发展演变过程	有助于读者从政治制度角度了解中国国情的历史渊源
	中国思想文化十八讲(修订版) 张茂泽　著	中国古代的宗教思想文化,如对祖先崇拜、儒家天命观、中国古代关于"神"的讨论等	宗教文化和人生信仰或信念紧密相联,在文化转型时期学习和研究中国宗教文化就有特别的现实意义
	史幼波《大学》讲记 史幼波　著	用儒释道的观点阐释大学的深刻思想	一本书读懂传统文化经典
	史幼波《周子通书》《太极图说》讲记 史幼波　著	把形而上的宇宙、天地,与形而下的社会、人生、经济、文化等融合在一起	将儒家的一整套学修系统融合起来
	史幼波《中庸》讲记(上下册) 史幼波　著	全面、深入浅出地揭示儒家中庸文化的真谛	儒释道三家思想融会贯通
	梁涛讲《孟子》之万章篇 梁　涛　著	《万章》主要记录孟子与万章的对话,涉及孝道、亲情、友情、出仕为官等	作者的解读能帮助读者更好地理解孟子及儒学
	两晋南北朝十二讲(修订版) 李文才　著	作为一本普及性读物,作者尊重史实,运用"历史心理学"的叙事方法,分12个专题对两晋南北朝的历史进行阐述	让读者轻松了解两晋南北朝的历史
	每个中国人身上的春秋基因 史贤龙　著	春秋368年(公元前770-公元前403年),每一个中国人都可以在这段时期的历史中找到自己的祖先,看到真实发生的事件,同时也看到自己	长情商、识人心
	与《老子》一起思考:德篇 **与《老子》一起思考:道篇** 史贤龙　著	打通文史,回归哲慧,纵贯古今,放眼中外,妙语迭出,在当今的老子读本中别具一格	深读有深读的回味,浅尝有浅尝的机敏,可给读者不同的启发

续表

思想·文化	**说服天下:《鬼谷子》的中国沟通术** 翟玉忠　著	由内圣而外王,从心力的培育到具体的说服理论,再到生动的说服案例	从商业到军事再到日常生活,沟通说服已经变得越来越重要
	读《管子》,知天下财富:轻重术与中国古典经济思想 翟玉忠　著	中国农业社会规模庞大的市场产生了复杂发展的经济理论——以《管子》轻重十六篇为核心的轻重术	本书分为道、术两大部分,有思想、有谋略,相信你会从中有所收获
	中国商道:从古典商书说开去 翟玉忠　著	对中国先秦和明清两个商品经济大发展时期商业典籍的第一次系统整理和诠释	中华商道一脉相承,造就了无数商业奇迹,成就了无数商业巨子。今人读之,必能获益
	跟陈忠建学写名家书法Ⅰ **跟陈忠建学写名家书法Ⅱ** 陈忠建　著	中国台湾著名书法教育家,用视频手把手教你摹写历代名家笔触	用拟古千字文的形式,学习名家的技巧
	像美国人一样讲话:教你记住800句最地道的美语 马方旭　著	本书基本囊括了在美国最常用最地道的800习惯用语表达,包含中英双语翻译,以及清晰明了的注解帮助增强记忆,加入视频等流行的记忆方法	易读易懂,趣味十足
	别让你的执着毁了孩子 廖信琳　著	让职场人在家庭教育中不再焦虑,重塑亲子互动模式	只要放下你的执拗,孩子可以更优秀
	非暴力抵抗的诞生 甘　地　著	甘地在南非的自传,介绍了非暴力抵抗诞生的历史	深入了解甘地及其伟大思想
	中东历史与现状二十讲 黄民兴　著	介绍了中东历史和现状的20个重要问题	为研究和教学人员提供指导和依据
	郑子太极拳理拳法 杨竣雄　著	走进郑子太极拳完整训练体系的大门,随着书中另一主角——师父的课程安排与每日功课的练习	当您学完这套书后,在掌握拳架的同时具备诸多正确的太极理念与系统知识
	内功太极拳训练教程 王铁仁　编著	杨式(内功)太极拳(俗称老六路)的详细介绍及具体修炼方法,身心的一次升华	书中含有大量图解并有相关视频供读者同步学习
	中医治心脏病 马宝琳　著	引用众多真实案例,客观真实地讲述了中西医对于心脏病的认识及治疗方法	看完这本书,能为您节约10万元医药费